Eckard Wulfmeyer – Lisa Pannenberg

Alaskan Huskys

Eine außergewöhnliche Rasse und
unser Leben mit dem Rudel

Huskyerlebnistouren
Lisa Pannenberg + Eckard Wulfmeyer
Große Dammstr. 2
21772 Stinstedt
0171-4177215
www.huskyerlebnistouren.de
www.hundeschule-ohne-leckerlie.de
www.pfoten-pfad.de

Alle Fotos, wenn nicht anders gekennzeichnet, von: Eckard Wulfmeyer

Herstellung und Verlag: BoD – Books on Demand, Norderstedt
ISBN: 978-3-750-43534-6

Vielen Dank an Lisa Pannenberg für die fachliche Begleitung und Unterstützung.
Danke an Sarah Wulfmeyer für das Layout und das Titelbild. Danke an all den Menschen, die uns besucht und diese außergewöhnlichen Hunde kennengelernt haben. Sie alle haben ihren Beitrag zu diesem Buch geleistet.

Stinstedt im Oktober 2023
Eckard Wulfmeyer

INHALT

Sind das überhaupt Huskys?

„Sind das überhaupt Huskys? Die sehen doch ganz anders aus." Diese Frage wird jedem Halter von Alaskan Huskys eines Tages gestellt. Tatsächlich ist es die am häufigsten gestellte Frage, mit der Lisa bei ihren Husky-Erlebnistouren konfrontiert wird. Die Gäste kommen oft mit der Vorstellung, die flauschigen, blauäugigen und muskulösen Sibirischen Huskys oder Malamuten zu sehen. Umso überraschter sind sie, wenn sie vor Ort auf völlig anders aussehende Huskys stoßen, die sie mit einem fröhlichen Begrüßungsheulen empfangen. Der Alaskan Husky mit seinem kurzen Fell und seiner drahtigen Figur passt einfach nicht zu dieser Erwartung.

Es ist ein regelrechter visueller Schock, wenn die Gäste die Alaskan Huskys zum ersten Mal erblicken. Anstatt flauschiger, wuchtiger Fellbündel stehen ihnen athletische Hunde gegenüber, deren Äußeres anmutet, als wären sie einem anderen Husky-Universum entsprungen: zerbrechlich und wärmeliebend. Doch dieser erste Eindruck täuscht. Die Alaskan Huskys sind zwar nicht die typischen Klischee-Huskys, aber sie verkörpern dennoch die wahre Essenz der Huskys.

Mit ihrem kurzen Fell und ihrer drahtigen Figur strahlen sie eine unglaubliche Energie und Wendigkeit aus. Ihre Muskeln sind bereit für die Herausforderungen, die vor ihnen liegen. Es sind Hunde, die für den Arbeits- und Leistungseinsatz gezüchtet wurden. Ihre körperliche Eignung und ihre Ausdauer sind beeindruckend. Sie sind die Athleten unter den Hunden, bereit, große Distanzen zu bewältigen und schwierigstes Terrain zu bezwingen. Ihre Vielseitigkeit legendär.

Obwohl sie äußerlich anders aussehen, teilen sie dennoch viele Eigenschaften mit ihren berühmten Verwandten. Ihr Geist ist stark und ihre Intelligenz bemerkenswert. Sie haben den unersättlichen Drang, zu rennen und gemeinsam mit ihrem Rudel eine Aufgabe zu erfüllen. Ihr energiegeladenes Begrüßungsheulen ist ein Ausdruck dieser Leidenschaft und Freude am Leben.

Es mag zwar verwirrend sein, wenn man sich von den gängigen Bildern von Huskys verabschieden muss, doch die Alaskan Huskys haben ihren eigenen Charme und ihre ganz eigene Schönheit. Sie sind ein Beweis dafür, dass Schönheit in der Vielfalt liegt und die wahre Natur einer Rasse nicht nur durch ihr äußeres Erscheinungsbild definiert wird. Die Alaskan Huskys sind einzigartig, beeindruckend und auf ihre ganz eigene Weise wunderschön.

Die Alaskan Huskys sind Schlittenhunde. Mit dem Aufkommen des Schlittenhundesports zu Anfang des 20. Jahrhunderts begann man in Alaska die einheimischen, eher wolfsähnlichen Hunde mit Polarhunden wie den Sibirischen Huskys zu kreuzen. Ziel dieser Kreuzungen ist der optimale Schlittenhund für Rennen. Wie bei allen jüngeren Rassen der letzten Jahrhunderte wurden zu diesem Zuchtziel peu à peu verschiedene vorhandene Hunderassen miteinander kombiniert. Vor allem Malamute, Siberian Huskys, Saluki, Pointer, Weimaraner, Samojeden, Anatolische Schäferhunde sowie Windhunde wurden so gekreuzt, dass sich bis heute dieser leichte, ausdauernde und rasante Schlittenhund entwickelte.

Gesundheit

Der Alaskan Husky ist eine Rasse, die nicht offiziell von Zuchtverbänden anerkannt ist, aber genau das macht sie so einzigartig und gesundheitlich robust. Dies liegt daran, dass sie über einen riesigen Genpool verfügen, der ihnen eine Vielzahl von genetischen Variationen ermöglicht. Im Gegensatz zu vielen anderen Hunderassen sind Alaskan Huskys von den weitverbreiteten Skelett- und Zivilisationskrankheiten verschont geblieben. Dies ist das Ergebnis einer gezielten Zucht, bei der der Fokus auf robuste und körperlich unempfindliche Hunde gelegt wurde.

Die Züchter hatten das klare Ziel, Hunde mit einer körperlichen Robustheit und Effizienz zu erschaffen. Dabei wurde das Aussehen eher in den Hintergrund gerückt. Diese bewusste Auswahl hat dazu geführt, dass die farbliche Varianz bei Alaskan Huskys eine unglaubliche Bandbreite aufweist.

Nur ohne die Einschränkungen der Standardisierung können sie so unterschiedlich sein. Ihre Vielfalt spiegelt ihre natürliche Schönheit und Anpassungsfähigkeit wider. Alaskan Huskys sind wahre Freigeister, die mit ihrer beeindruckenden Erscheinung und außergewöhnlichen Augen jeden in ihren Bann ziehen.

Aussehen

Auf den ersten Blick scheint die Vielfalt der Alaskans unglaublich. Es überrascht, wie unterschiedlich die Hunde innerhalb einer Zuchtlinie aussehen können. Die Alaskans können Steh-, Schlapp oder auch Knickohren haben und die Rute kann mal mehr oder weniger flauschig sein. Die Größe und das Gewicht der Hunde variieren je nach den eingesetzten Rassen.

Besonders beeindruckend ist die Länge der Schnauze, die mehr als die Hälfte des Kopfes ausmacht. Diese Eigenschaft macht die Alaskans zu großartigen Rennhunden, da sie ihr Maul weit aufreißen können, um sich zu kühlen und mehr Luft und Sauerstoff in ihre Lungen zu bekommen, wie bei einem Ansaugstutzen eines Fahrzeugs. Das Leistungsvermögen ist dadurch beeindruckend.

Von tiefem Schwarz bis zu strahlendem Weiß und allen Nuancen dazwischen, sind sie wahrlich eine Augenweide. Man kann sie sogar mitunter in einer atemberaubenden Vierfarbkombination erleben: Weiß, Schwarz, Braun und Grau. Ihre Nasen sind in der Regel schwarz und ihre Augen schimmern in einem warmen Bernstein-Ton.

Doch hier hört die Vielfalt noch nicht auf. Es ist nicht ungewöhnlich, Alaskan Huskys mit blauen, grauen, grünen und manchmal sogar verschiedenfarbigen Augen zu finden. Dies verleiht ihnen einen faszinierenden und individuellen Charakter. Diese Variationen machen jeden Alaskan Husky zu einem einzigartigen Kunstwerk der Natur.

Es gibt einige Zuchtlinien, die schon fast Rassecharakter erreichen und deren Stammbäume sich etliche Generationen zurückverfolgen lassen. Diese Zuchtlinien vereint ein gemeinsames Ziel: weniger das Äußere, sondern vielmehr der gesunde, gebrauchstüchtige Hund.

Besonderheiten

Alaskan Husky sind nicht nur wunderschön anzusehen, sie sind auch wahre Ausdauersportler. Mit ihren langen Beinen und ihrem dicken Fell sind sie gut gerüstet, um auch bei schwierigen Wetterbedingungen draußen zu sein. Selbst Regen macht ihnen kaum etwas aus, und wenn sie schwimmen, bleibt ihre Haut meist trocken. Kein Wunder, dass Lisa für ihre Huskys einen großen Außenbereich mit einem Teich angelegt hat. Die meisten von ihnen lieben es zu schwimmen und nutzen den Teich vorwiegend im Sommer voll aus. Aber die außergewöhnlichen Eigenschaften der Alaskaner sind nicht nur äußerlich. Ihr großes Herz und ihre große Lunge machen sie zu wahren Ausdauerspezialisten. Das ist keine Überraschung, denn diese Eigenschaften wurden über viele Generationen hinweg selektiv gezüchtet.

Primär wurde von den Züchtern darauf geachtet, dass der Körperbau in der Lage ist, Gewichte ausdauernd und schnell zu ziehen. Es wurde auf gute Pfoten und Temperaturunempfindlichkeit geachtet, sowie darauf, dass die Hunde gut fressen und trinken. Ihr Fell ist so dicht, dass eine Schneeflocke auf dem Fell nicht durch die Körpertemperatur schmilzt, sondern nur durch die Umgebungstemperatur. In Deutschland haben die Huskys aufgrund des Straßenbelages und der damit einhergehenden Temperatur sehr wenig Fell zwischen den Pfoten. Nach drei Wochen Aufenthalt in Schweden und ausschließlichem Laufen auf Schnee ist bereits Fell zwischen den einzelnen Ballen an der Pfote gewachsen. Alaskaner haben ein spezielles Durchblutungssystem in den Beinen, sodass sie nicht so schnell frieren und der Schnee nicht in den Pfoten kleben bleibt.

Es wird versucht, die Rasse der Alaskan-Huskys immer wieder durch die Einkreuzung von Wolfshunden robuster zu machen. Natürlich ist es ein Glücksspiel, da man nie genau weiß, welche Rassen beim Wolfshund durchkreuzt wurden. Manche Verpaarungen haben sich als Rückschritt erwiesen, aber es gibt auch positive Beispiele. Es ist erstaunlich zu hören, dass sogar

Experimente mit Schakalen durchgeführt wurden. In Skandinavien gibt es einige Huskyfarmen, die Hounds mit ihren Alaskan Huskys kreuzen, um die Geschwindigkeit zu erhöhen, ohne die Ausdauerfähigkeit zu beeinträchtigen. Allerdings hat diese Kreuzung auch dazu geführt, dass das Fell der Huskys nicht mehr so dicht ist und einige von ihnen sogar beim Rennen Mäntel tragen müssen.

Das Wesen

Die Alaskan Huskys besitzen ein außergewöhnliches Wesen, das von ihrer Abstammung und ihrer Vermischung mit Jagdhunden und Windhunden geprägt ist. Diese genetische Vielfalt hat dazu geführt, dass sie äußerst verträglich mit ihren Artgenossen sind und vor allem eine außergewöhnliche Freundlichkeit gegenüber Menschen zeigen. In unserem eigenen Rudel haben wir noch nie auch nur das geringste Anzeichen von Aggression oder Drohverhalten uns gegenüber oder unseren Besuchern erlebt. Im Zweifelsfall wählen die Alaskan Huskys eine andere Strategie, um sich unangenehmen Situationen zu entziehen. Sie ziehen es vor, sich einfach zurückzuziehen und Konfrontationen zu vermeiden. Diese Hunde sind beinahe konfliktscheu gegenüber Menschen. Diese Erfahrung haben auch andere Halter von Alaskan Huskys gemacht und ihre Erfahrungen bestätigen unsere eigenen Beobachtungen.

Selbst Hündinnen, die gerade erst ihre Welpen geworfen haben, zeigen weiterhin eine durchgängige Freundlichkeit gegenüber jedem Besucher. Ein Besucher beschrieb seine Eindrücke vom Rudel mit den Worten: „Man hat den Eindruck, als würden sie in kürzester Zeit bei jedem Menschen den „Gute-Laune-Knopf" im Kopf finden und drücken." Dieses Bestreben, positive Gefühle zu verbreiten, macht diesen außergewöhnlichen Charakter aus.

Ausgewachsene Alaskan Huskys scheinen einen Instinkt zu haben, Harmonie zu schaffen und Streit zu vermeiden. Ihre sanften Persönlichkeiten und ihr freundlicher Charakter machen sie zu großartigen Begleitern. Egal, ob es sich um ihren menschlichen Begleiter oder einen Fremden handelt, diese Hunde heißen jeden willkommen, indem sie ein aufmerksames und liebevolles Verhalten an den Tag legen.

In einer Welt, in der Aggression und Konflikte oft allgegenwärtig sind, sind die Alaskan Huskys ein wunderbares Beispiel für den Wert von Freundlichkeit und Harmonie. Ihr Wesen ist eine Erinnerung daran, dass wir Menschen viel von ihnen lernen können - die Fähigkeit, einander mit Respekt und Freundlichkeit zu begegnen und einen „Gute-Laune-Knopf" in unseren Köpfen zu finden, der uns positive Energie schenkt.

Alaskan Huskys sind nicht nur faszinierend in ihrem Wesen, sondern auch sehr vorteilhaft für den Tourismus und therapeutische Angebote mit Hunden. Die Gäste, die anfänglich Angst vor Hunden hatten, verließen unser Rudel mit Tränen in den Augen und vermissten die Huskys sehr. Alaskan Huskys sind einfach unwiderstehlich und lieben es, geknuddelt zu werden und die volle Aufmerksamkeit zu bekommen. Mit ihrem Charme und ihrer anhänglichen Persönlichkeit erobern sie das Herz eines jeden. All diese Eigenschaften machen sie zu perfekten Begleitern im Tourismus, wo sie die Herzen der Besucher im Sturm erobern und unvergessliche Erinnerungen erzeugen. Ihre liebevolle und zugängliche Art schafft eine Atmosphäre des Vertrauens und der Geborgenheit, die Menschen in schwierigen Situationen Trost und Unterstützung bietet.

Manche Alaskaner scheinen zu glauben, dass sie Schoßhunde sind. Sie sind übermäßig freundlich und können sich vor lauter Aufregung nicht entscheiden, wohin sie zuerst springen sollen. Sie sehnen sich nach Zuneigung und geben sie großzügig zurück. Es scheint, dass Sensibilität gegenüber ihrer eigenen Aufdringlichkeit nicht unbedingt zu ihren Eigenschaften gehört. Wenn man von dieser Rasse Rücksichtnahme und Sensibilität erwartet, muss man dies klar kommunizieren. In solchen Fällen können diese Hunde jedem gegenüber gleichermaßen rücksichtsvoll und sensibel sein.

Wir haben eine solche Rücksichtnahme nicht verlangt, da wir mit ihrer robusten Aufdringlichkeit gut umgehen können. Es ist eine Erfahrung voller Energie und Freude.

Neben dem „Gute-Laune-Knopf" scheinen Alaskan Huskys einen eingebauten Wecker zu haben.
Als die Saison Anfang September wieder begann, startete Lisa ihre ersten Trainingsfahrten mit den einzelnen Teams. Diese unternahmen sie in den frühen Morgenstunden, da es dort noch schön kalt war. Optimale Bedingungen für die Alaskan Huskys. Dazu stellte sie ihren Wecker auf 6 Uhr, um früh genug aufzustehen. Erst nach der Versorgung aller anderen Tiere kümmerte sie sich um die Huskys und spannte diese ein für kurze Ausfahrten.

Nach vier Tagen begannen die Huskys um 5:57 Uhr alle gemeinsam zu heulen. 3 Minuten bevor der Wecker von Lisa klingelte. Zufall? Offensichtlich nicht, denn auch in den darauffolgenden Tagen waren es immer wenige Minuten, bevor Lisas Wecker um 6 Uhr klingelte, dass die Huskys aus dem Stand heraus begannen zu heulen.
Es war nicht so, dass einer der Huskys das Heulen initiierte. Nein, als wenn es tatsächlich so etwas wie einen lautlosen Gongschlag gegeben hat, der eben genau diese wenigen Minuten vor 6 Uhr bei allen Huskys gleichzeitig das „Guten Morgen"-Heulen startete.

Lisa war sich nicht sicher, ob sie sich freuen oder ärgern sollte. Einerseits war es praktisch, dass die Huskys sie pünktlich geweckt haben. Andererseits war es auch ein bisschen gruselig, wenn man sich vorstellte, dass die Hunde irgendein geheimes Ritual abhielten, um sie aufzuwecken.

Die Huskys hingegen waren ganz offensichtlich stolz auf ihre neue Fähigkeit. Sie heulten jeden Morgen noch lauter und fröhlicher als zuvor.

Alaskas sind für ihr liebevolles Wesen und ihr tadelloses Verhalten bekannt, besonders als Welpen. Neben der Genetik und den individuellen Merkmalen tragen jedoch zahlreiche Faktoren zu diesem Verhalten bei. Letztlich hat der Lebensstil eines Menschen einen großen Einfluss darauf, ob er sein Verhalten innerhalb akzeptabler Grenzen bewerten kann oder nicht. Neben Genetik, Umwelt und Sozialisierung gibt es aber noch eine weitere wichtige Ursache für zerstörerische Ausbrüche, nämlich den Mangel an artgerechter Bewegung. Alaskaner strotzen nur so vor Energie, und diese Energie erneuert sich jeden Tag. Ohne ein geeignetes Ventil für diese Energie, wie z. B. angemessene körperliche Aktivität, wird die innere Energie des Alaskan auf die eine oder andere Weise ihren Weg nach draußen finden. Bewegung ist der perfekte Weg, um ihre Energie produktiv und gesund zu kanalisieren, damit sie ausgeglichen und motiviert für alles bleiben, was vor ihnen liegt. Außerdem kann körperliche Aktivität helfen, Stress abzubauen und das allgemeine Wohlbefinden zu verbessern. Obendrein können körperliche Aktivitäten dazu beitragen, Beziehungen zu stärken und die Teamarbeit zu fördern, was sich positiv auf die allgemeine Moral der Alaskaner auswirkt.

Alaskan Husky haben eine ganz besondere Art, mit Menschen in Kontakt zu treten und sie zu positiven Veränderungen zu inspirieren. Ihr Wesen, ihre grenzenlose Zuneigung und ihre Energie sind ein Geschenk, das sie bereitwillig mit anderen teilen.

Alaskan Husky sind bekannt für ihre angeborene Freundlichkeit und ihre Bereitschaft, mit jedem zu kooperieren, dem sie begegnen. Diese Eigenschaften werden von Mushern, den Schlittenhundeführern, sehr geschätzt. In einem Schlittenhundeteam, das aus etwa sechs Hunden besteht, nehmen die Leithunde eine besondere Stellung ein. Sie führen das Rudel von vorn an, etwa 7 bis 8 Meter vor dem Musher. Abgesehen von seiner Stimme hat der Musher keine direkte Kontrolle über die Leithunde an der Spitze des Teams. Daher ist er auf ihren Gehorsam und ihre Kooperation angewiesen, um erfolgreiche und sichere Ausflüge zu gewährleisten.

Es ist beeindruckend zu beobachten, wie die Hunde die Verantwortung als Leithunde übernehmen. Sie verstehen die Bedeutung ihrer Position und arbeiten eng mit dem Musher zusammen, um das Team zu lenken. Der Musher muss sich ganz auf die Durchführung verbaler Kommandos verlassen, um die Leithunde an der Spitze zu führen. Die Leithunde fungieren als Bindeglied zwischen dem Musher und dem Rest des Teams. Ihre Aufgabe ist es, den richtigen Weg zu finden, Hindernissen auszuweichen und das Tempo des Teams zu kontrollieren.

Insgesamt ist die Rolle der Leithunde entscheidend für den Erfolg des Schlittenhundeteams. Hier zeigt sich die beeindruckende Intelligenz und Reaktionsfähigkeit der Alaskan Huskys, die sie zu einer sehr begehrten Rasse für Schlittenhunderennen machen.

Die Alaskan Huskys beweisen mit ihrer Hingabe und ihrem Engagement, dass sie nicht nur außergewöhnliche Athleten sind, sondern auch zuverlässige Partner für den Menschen. Ihre Fähigkeit, eng mit dem Musher zu kooperieren und dessen Anweisungen zu befolgen, ist ein erlesenes Beispiel für Teamarbeit und Vertrauen. Es ist ein wunderbares Zusammenspiel zwischen Mensch und Tier, das zeigt, wie eine enge Bindung und eine klare Kommunikation zu außergewöhnlichen Leistungen führen können.

Mit ihrer Theatralik können die Alaskans in jedem Theater mitspielen. Sie sind berühmt für ihre theatralischen Qualitäten, die sie zu wahren Charakteren unter den Hunderassen machen. Wenn es zu Konflikten innerhalb des Rudels kommt, entfesseln sie eine regelrechte Show, die jeden Außenstehenden glauben lässt, dass ein Hund schwer verletzt oder sogar getötet wurde, obwohl es keinen Körperkontakt zwischen den Kontrahenten gab. In solchen Situationen werfen sich die Huskys dramatisch auf den Rücken und zeigen eine übertriebene Demut, wobei sie ihre Emotionen auf beeindruckend laute und exzentrische Weise zum Ausdruck bringen.

Dieses theatralische Verhalten zeigt sich ebenfalls, wenn die Huskys vor dem Schlitten eingespannt werden. Ihre Vorfreude auf das bevorstehende Rennen ist so überwältigend, dass sie lautstark schreien, als ob sie vor Schmerzen leiden würden. Man kann förmlich spüren, wie sie sich beherrschen müssen, um nicht sofort loszurennen. Gelegentlich können sie dieser Aufregung nicht widerstehen und stürzen sich mit voller Wucht ins Geschirr. Es ist dann von Vorteil, wenn der Schlitten gut festgebunden ist. Mit zunehmendem Alter lernen sie, sich in solchen Situationen zurückzuhalten. Natürlich kann man ihnen schon in jungen Jahren beibringen, dieses impulsive Verhalten abzulegen, wenn man es wünscht.

Gäste, die unser Rudel über mehrere Stunden besuchten, berichten immer wieder von dem Gefühl, dass in den Alaskan Huskys zwei Seelen leben. Einerseits können sie ruhig, ausgeglichen und entspannt sein, als ob nichts sie aus der Ruhe bringen könnte. Doch bestimmte Auslöser, wie das Vorbeigehen einer Person mit Schlittenhundegeschirren, können sie plötzlich laut und hektisch werden lassen. Dieses Verhalten hält an, bis sie tatsächlich vor dem Schlitten eingespannt sind. Wenn sie jedoch erkennen, dass die Geschirre nur am Gehege vorbeigetragen werden, möglicherweise um zur Waschmaschine getragen zu werden, beruhigen sie sich genauso schnell wieder und kehren zu ihrer Ruhe und Entspannung zurück. Sie können innerhalb von Sekunden hochfahren, aber genauso schnell wieder herunterkommen.

Diese bemerkenswerte Fähigkeit der Alaskan Huskys, sich von extremer Aufregung zu vollkommener Gelassenheit zu bewegen, macht sie zu vielschichtigen Wesen. Es scheint, als ob sie neben dem „Gute-Laune-Knopf" noch weitere emotionale Schalter besitzen, die sie bei Bedarf umlegen können. Dieses Zusammenspiel von Theatralik und innerer Ausgeglichenheit macht sie zu unvergleichlichen Gefährten und lässt sie in den Augen ihrer Besucher zu wahren Persönlichkeiten werden. Es ist eine Freude, ihre facettenreiche Natur zu beobachten und mit ihnen aufregende Abenteuer zu erleben.

Egal, ob mit unterschiedlichen Farben und Ohren, die Alaskan Huskys teilen eine Reihe bemerkenswerter Eigenschaften: einen unbezwingbaren Willen zu laufen, den sogenannten „will to go", sowie robuste Pfoten, dichtes wetterfestes Fell und eine genügsame Natur.

Der „will to go" ist ein angeborenes Verlangen der Alaskan Huskys, zu rennen und zu ziehen. 99 % dieser Hunde muss man nicht großartig beibringen, was es bedeutet, etwas zu ziehen. Es liegt einfach in ihrer Natur, dass sie danach streben, zu laufen, zu laufen und nochmals zu laufen. Ein bekanntes Sprichwort aus der Musher-Szene besagt: „Lege einem Alaskan ein Geschirr an, und er beginnt zu ziehen!" Es bedarf nur noch der Einführung einiger Kommandos wie „Stopp", „Go", „Links" und „Rechts", und dann geht es los - der Spaß kann beginnen! Viele Menschen haben bereits die Gelegenheit genutzt, an einer Ausfahrt mit uns teilzunehmen, sei es auf dem Trainingswagen oder auf dem Mountainbike. Bei ihrer Rückkehr hatten sie alle eines gemeinsam: ein breites Grinsen im

Gesicht! Und immer wieder fielen die Worte: „Wahnsinnig", „Verrückt" und „Unglaublich".

Der Nervenkitzel bei einer aufregenden Fahrt mit einem Alaskan Husky ist unvergleichlich. Das Gefühl von Geschwindigkeit, die Kraft dieser Tiere und ihre scheinbar grenzenlose Energie sind überwältigend. Es ist ein Moment der puren Freude, mit ihnen durch die Natur zu gleiten und die perfekte Harmonie zwischen Mensch und Tier zu spüren. Alaskan Huskys sind wahre Athleten und begleiten uns mit ihrer beeindruckenden Ausdauer und Leistungsbereitschaft bei jedem Abenteuer.

Ob beim Training für Wettrennen oder beim gemütlichen Ausflug mit Gästen, die Alaskan Huskys verkörpern den Geist des Laufens und Ziehens in seiner reinsten Form. Sie sind die geborenen Athleten. Ihr Enthusiasmus und ihre Begeisterung sind ansteckend und lassen uns den Alltag vergessen. Mit einem Alaskan Husky an der Seite wird jeder Ausflug zu einem echten Erlebnis, das einem ein breites Lächeln auf das Gesicht zaubert und das Herz schneller schlagen lässt.

Erziehung

Die Qualitäten eines Alaskan-Huskys:

Alaskan Huskys sind eine intelligente Hunderasse, die für ihre Loyalität, Kooperationsbereitschaft und ihren Lerneifer bekannt ist. Diese Eigenschaften machen sie zu einem idealen Haustier für jede Familie. Sie sind sehr klug und können leicht für jede Aufgabe trainiert werden, vom Apportieren über Mantrailing bis zum Ausführen von Tricks. Außerdem sind sie unglaublich loyal und lieben es, in der Nähe ihrer Besitzer zu sein, was sie zu großartigen Begleitern macht.

Alaskan Huskys sind eine Hunderasse, die für ihre Vielseitigkeit bekannt ist. Sie können als Haustiere, Begleithunde und Arbeitshunde eine breite Palette von Aufgaben erfüllen. Von A wie „Allgemeiner Begleithund" bis Z wie Zughund können Alaskan Huskys für viele verschiedene Aufgaben ausgebildet werden. Sie können hervorragende Familienhunde werden, die ihren Besitzern Liebe und Loyalität entgegenbringen. Sie können auch als Schlittenhunde ausgebildet werden, die schwere Lasten durch verschneites Gelände ziehen. Dazwischen ist alles möglich. Selbst auf den ersten Blick kurios erscheinende Aufgaben wie Jagdhund oder Rettungshund sind diese Hunde gewachsen. Der Vielseitigkeit dieser Hunde sind nur zwei Grenzen gesetzt: die Fantasie des Hundehalters und ihre körperlichen Fähigkeiten. Wenn du es nicht glaubst, probiere es selbst aus! Alaskan Huskys sind eine gute Wahl für alle, die einen treuen und fleißigen Begleiter suchen.

Wie intelligent und vorausschauend die Alaskans sind, macht folgendes Beispiel deutlich: Im Juni 2022 bekam Lisa das Angebot, in einem großen Kinderfreizeit-Resort den Ferienkindern den Umgang mit ihren Huskys und die Faszination dieser Hunde nahezubringen. Dazu fuhr sie an drei aufeinanderfolgenden Tagen pro Woche dorthin und erklärte ihnen die Körpersprache der Hunde. Sie zeigte den allgemeinen Umgang und wie man mit den Hunden geht und führte kleine Trekkingtouren durch See und Bäche durch. Vor allem aber ging es ganz viel um Knuddeln und Kuscheln.

Der erste Unterrichtsblock begann in der letzten Juniwoche. Lisa stand dazu jeden Morgen um halb sechs auf und begann um sechs Uhr gemeinsam mit mir die Hunde in Rusty, so nannte sie liebevoll ihren Camper, mit dem sie zu den Wettbewerben fuhr, zu verladen. Am dritten Tag passierte Folgendes: um 5:28 Uhr, also 2 Minuten, bevor Lisas Wecker klingelte, begannen die Huskys unruhig zu werden und die ersten wufften und heulten. Sie hatten also schon aufgrund der Erfahrung der vorigen beiden Tage die Uhrzeit und den Ablauf verstanden. Um kurz nach 6 Uhr ging ich mit einer Hundeleine zu Kurts Gehege. Als er mich nach den letzten beiden Tagen schon wieder kommen sah, um die Tür zu seinem Gehege zu öffnen, zog er sich in den hinteren Bereich zurück. Er begann damit, die beiden dortigen Brennnesseln am Zaun zu markieren. Aber nein: Er markierte nicht nur, sondern pinkelte wirklich. Kurt ging immer wieder von Brennnessel zu Brennnessel und holte alles an Urin aus seiner Blase heraus. Ich ließ ihn gewähren, während ich in das Gehege trat. Er sah mich an und ich merkte, dass er unruhig wurde. Und kurz darauf verstand ich, warum: Er wollte auch noch seinen Darm leeren. Dazu lief er ein paar Mal um die beiden Brennnesseln herum, hockte sich hin, machte den Rücken krumm und entleerte seinen Darm vollständig. Als er damit fertig war, kam er mit erhobenem Haupt und ebensolcher Rute zu mir, um sich anleinen zu lassen und gemeinsam mit mir zu Rusty zu gehen. Er hatte nach zwei Tagen verstanden, dass nun eine zweistündige Fahrt mit anschließendem Aufenthalt an einem Stake-Out bevorstand. Man wurde von den Kindern schon sehnlichst erwartet - und dann gab es kaum noch Gelegenheiten, sein Geschäft zu verrichten. Deswegen musste das vorher erledigt werden. Hier war überdeutlich zu erkennen: Der Hund denkt nicht nur mit, der Hund denkt auch im Voraus, in die Zukunft. Und das ohne hundert oder gar tausendfaches Wiederholen.

Alaskan Huskys sind bemerkenswerte Hunde, die über eine hohe Anzahl an Eigenschaften verfügen, die sie zu besonderen Trainingspartnern machen. Ihre Kooperationsbereitschaft, Futterfixierung, die Möglichkeit des Clicker- und Targetsticktrainings sowie ihre hohe Intelligenz ermöglichen es Hundebesitzern, mit ihnen auf vielfältige Weise zu interagieren und sie geistig und körperlich herauszufordern.

Eine der bemerkenswertesten Eigenschaften von Alaskan Huskys ist ihre außerordentliche Kooperationsbereitschaft. Sie haben eine natürliche Veranlagung, mit ihren Besitzern zusammenzuarbeiten und deren Anweisungen zu befolgen. Diese Kooperationsfreude ist ein großer Vorteil bei der Ausbildung von Huskys und ermöglicht es ihnen, neue Aufgaben schnell zu erlernen und effektiv umzusetzen. Wenn der Besitzer diese Kooperationsbereitschaft missversteht und eine alternative Kooperationsmöglichkeit vorhanden ist, sei es ein anderer Mensch oder Hund, können Missverständnisse in der Beziehung zwischen Husky und Mensch entstehen.

Alaskans sind bekannt für ihre Futterfixierung, was bedeutet, dass sie stark auf Belohnungen ansprechen, insbesondere auf Futter. Diese Fixierung kann während des Trainings genutzt werden, um ihnen neue Befehle beizubringen und ihr Verhalten zu formen.

Durch den Einsatz von positiver Verstärkung in Form von Leckerlis können Huskys motiviert werden, ihr Bestes zu geben und neue Aufgaben mit Begeisterung anzugehen.

Das Clickertraining und das Targetsticktraining sind zwei effektive Methoden, um mit Huskys zu arbeiten. Beim Clickertraining wird ein akustisches Signal verwendet, das dem Hund zeigt, dass er eine Aufgabe richtig gemacht hat. Dieses Signal wird mit einer Belohnung wie einem Leckerli gekoppelt, um das gewünschte Verhalten zu festigen. Beim Targetsticktraining wird ein Stick oder ein ähnlicher Gegenstand als Ziel verwendet, an dem der Hund sich orientieren soll. Durch gezieltes Training mit dem Targetstick können Huskys lernen, verschiedene Kommandos auszuführen und ihre kognitiven Fähigkeiten weiterzuentwickeln.

Die hohe Intelligenz der Alaskans macht sie zu hervorragenden Schülern. Sie sind in der Lage, komplexe Probleme zu lösen und schnell neue Befehle zu erlernen. Dies benötigt jedoch einen körperlichen Ausgleich. Durch das regelmäßige körperliche Training und das Angebot von geistiger Stimulation kann die Intelligenz der Huskys gefördert werden, was zu einer gesunden und stabilen Persönlichkeit führt.

Insgesamt sind Huskys aufgrund ihrer Kooperationsbereitschaft, der Möglichkeit des Clicker- und Targetsticktrainings sowie ihrer Intelligenz wunderbare Trainingspartner. Mit einer klaren und konsequenten Herangehensweise können Hundebesitzer mit ihren Alaskans eine enge Bindung aufbauen und gemeinsam neue Herausforderungen meistern.

In all den Jahren kamen Lisa und ich immer wieder mit vielen Haltern von Alaskan Huskys in Kontakt. Sie fragten uns, aufgrund unserer jahrzehntelangen beruflichen Erfahrung mit Hunden, was bei diesen oder jenen Verhaltensproblemen mit ihren Alaskan Huskys zu tun sei. Zusammenfassend haben sich über die vielen Jahre drei wichtige Ursachen für problematisches oder unerwünschtes Verhalten der Alaskan Huskys herauskristallisiert: unklare Führung, falsche Bewegung und falsche Fütterung.

Es ist nicht möglich, die Alaskan Huskys allein durch geistige Arbeit ausreichend auszulasten, wenngleich ein Hundetrainer dies behaupten würde. Diese Hunde benötigen Bewegung, wie sie Nahrung benötigen. Hierbei ist nicht nur ein gemütlicher Spaziergang gemeint. Das kann man natürlich mit ihnen machen, aber einmal am Tag solltest du sie beim Radfahren mitlaufen oder dich von ihnen ziehen lassen. Dabei geht es nicht darum, sie völlig auszupowern, sondern vielmehr darum, dass du ihnen die benötigte Menge an Bewegung bietest, um körperlich und geistig ausgeglichen zu sein. Das Mitlaufen oder das Ziehen am Fahrrad erfordert von jedem Hund Konzentration und Disziplin. Dies führt wiederum zu einer entsprechenden geistigen Auslastung. Es fordert den Hund mehr als jede Trainingseinheit für Kunststücke und festigt die Bindung auf einfachste Art und Weise.

Wo wir gerade beim Thema Tricks sind: Du kannst ihnen lustige und komplexe Tricks beibringen. Wenn du magst, kannst du sie sogar zu Zirkushunden ausbilden. Alaskan Huskys würden sich freuen, mit dir eine Show zu veranstalten, und sie können auch sehr niedlich sein. Allerdings ist es wichtig, dass der Hund eine solide körperliche Fitness hat. Nach Lisas Erfahrung muss ein Alaskan Husky, der in einem Haus gehalten wird, jeden Tag mindestens 10 Kilometer Rad fahren, um körperlich zufrieden und glücklich zu sein. Das gilt für jeden kühlen Tag und jede Art von Wetter, denn das Wetter beeinflusst den Alaskan Husky nicht so sehr wie dich.

Wenn du dich von ihm ziehen lässt, reduziert sich die erforderliche Strecke auf etwa acht bis zehn Kilometer.

Ziehen

Das Ziehen ist ein natürlicher Instinkt bei Huskys, da sie ursprünglich als Schlittenhunde gezüchtet wurden. Wenn du einem Husky das Ziehen beibringen möchtest, ist es wichtig, dies kontrolliert und sicher zu tun. Hier sind einige Schritte, die du beachten kannst:

Das richtige Equipment: Verwende ein geeignetes Zuggeschirr und eine Zugleine, die für das Ziehen ausgelegt sind. Achte darauf, dass das Geschirr gut sitzt und deinem Husky genügend Bewegungsfreiheit lässt.

Grundgehorsam trainieren: Bevor du mit dem Ziehen beginnst, ist es wichtig, dass dein Husky grundlegende Gehorsamskommandos wie „Sitz", „Platz" und „Hier" beherrscht. Das erleichtert die Kommunikation und Kontrolle während des Ziehens.

Schrittweise Gewöhnung: Beginne mit leichtem Ziehen, indem dein Husky dich an einer Zugleine hinter sich herzieht. Belohne ihn, wenn er in die gewünschte Richtung zieht. Verwende positive Verstärkung in Form von Lob, Leckerlis und Spielen, um das Ziehen als positives Verhalten zu bestärken.

Steigere die Intensität: Sobald dein Alaskan das koordinierte Ziehen verstanden hat, kannst du das Training intensivieren, indem du sein Ziehen mit Widerstand belohnst. Du kannst ihn unter anderem einen Wagen oder einen Trolley hinter dir herziehen lassen.

Kontrolle behalten: Während des Ziehens ist es wichtig, dass du die Kontrolle über deinen Husky behältst. Arbeite an Gehorsamskommandos wie „Langsam", „Stopp", „Links" und

„Rechts", um sicherzustellen, dass dein Husky auf deine Anweisungen reagiert und sich an deine Führung orientiert.

Wie trainiert Lisa ihre Alaskan Huskys, um die Kontrolle über das Gespann zu behalten?
Ich zitiere mich aus dem Buch: „Mehrhundehaltung - Ganz einfach!"

„Wie bringe ich dem Hund etwas bei? Die Vorgehensweise ist dabei grundsätzlich immer die gleiche. Egal, ob es sich um das Ziehen handelt, das vernünftige Gehen an der Leine oder das Hinsetzen und Hinlegen. Der Einfachheit halber beschreibe ich hier, wie Lisa ihren angehenden Zughunden die Richtungskommandos beibringt.

Der junge Hund hat bei Lisa bislang gelernt zu ziehen. Da gibt es auch nicht viel zu lernen, denn er muss nicht mehr tun als geradeaus zu laufen. Und das saugt er gewissermaßen mit der Muttermilch auf. Nun zieht dieser junge Hund voller Enthusiasmus, Motivation und riesengroßer Freude Lisa auf dem Fahrrad. So weit, so gut. Jetzt kommt der nächste Schritt. Der Hund muss die Richtungen kennenlernen. Links und rechts. Lisa fährt mit dem Hund los. Er zieht sie eine Straße entlang. Nun endet die Straße an einer anderen, eine sogenannte T-Kreuzung. Hier gibt es nur links oder rechts. Lisa möchte links abbiegen. Sie gibt dem jungen Hund das Kommando „Links". Jetzt muss der Hund eine Entscheidung treffen. Rechts abbiegen oder links abbiegen? Was Lisa jedoch genau will, das weiß er noch nicht. Also, was wird er tun? Er wird in eine der Richtungen laufen. Geht es links herum, so wird sie weiterfahren und ihn dabei entsprechend verbal loben. Das größte Lob für ihn ist, dass er weiter laufen darf. Will er aber nach rechts abbiegen, wiederholt Lisa das Kommando „Links" so lange, bis er nach links abbiegt. Wenn sie dieses Prozedere zehn bis zwölf Mal wiederholt hat, dann weiß der junge Hund genau, was man bei

„Links" und „Rechts" von ihm erwartet. Ab jetzt stellt sich dann nicht mehr die Frage, wie man dem jungen Hund links und rechts beibringt, sondern es geht nur noch darum, ob er folgt oder nicht. Denn wie bei Kindern und auch Erwachsenen ist es ja nicht so, dass man das tatsächlich durchführt, was von einem verlangt wird - auch wenn man es ohne Weiteres tun könnte. Ob man dem Wunsch nachkommt, hängt von vielen weiteren Faktoren ab und nicht allein davon, ob man dazu in der Lage ist. Beim Hund ist das nicht anders.

Nun sind wir also an dem Punkt, dass der junge Hund genau weiß, was bei „Links" und „Rechts" von ihm erwartet wird. Wieder fährt Lisa an eine solche Kreuzung heran und gibt die Anweisung „Rechts". Wenn er jetzt direkt nach rechts abbiegt, ist alles gut. Aber was macht Lisa, wenn er links abbiegt? Sie wiederholt das Kommando „Rechts" so lange, bis der junge Hund tatsächlich rechts abbiegt. Mit anderen Worten: Sie setzt ihr Kommando durch! Es kann bei einem jungen Hund mit starker Willenskraft unter Umständen schon mal zwei bis drei Minuten dauern, bis er nachgibt und die gewünschte Richtung einschlägt.

Dieses Durchsetzen verschafft ihr Respekt.

Wenn du, lieber Leser, dich indessen fragst, warum sie dabei kein Futter einsetzt, dann ist die Antwort im Grunde ganz einfach: um nicht noch eine weitere Komponente in dieses Beziehungsgeflecht einzubauen. In dem eben erläuterten Beispiel kommen genau zwei Protagonisten vor: Lisa und der Hund. Der Hund muss sich auf Lisa einlassen, er muss sich mit ihr auseinandersetzen. Wenn in diese Situation noch Futter hineingerät, dann sind es drei Komponenten, um die sich der Hund Gedanken machen muss. Er, Lisa und das Futter. Und augenblicklich beginnt er darüber nachzudenken, wem man die größere Bedeutung zumisst: Lisa oder dem Futter. Damit hat der Hund die Qual der Wahl. Und man kann diese Entscheidung, Lisa oder das Futter, kaum beeinflussen. Wenn aber in dieser Situation kein Futter vorhanden ist, muss sich der Hund damit auch nicht auseinandersetzen. Er hat dann keine andere Wahl, als sich mit Lisa auseinanderzusetzen. Ob er will oder nicht."

Wichtig: Das Ziehen sollte kontrolliert und sicher sein. Achte darauf, dass dein Husky keine gesundheitlichen Probleme hat, die das Ziehen beeinträchtigen könnten.

Lauftraining

Grundsätzlich ist der Aufbau des Lauftrainings eine sehr individuelle Angelegenheit. Es gibt keine allgemeingültigen Pläne, sondern sie müssen immer an die jeweiligen Situationen und Umstände angepasst werden. Lukas und Lisa haben hier einen kurzen Einblick in ihre Trainingsstruktur gegeben. Dieser kann als eine Art Grundlage für das Lauftraining mit Alaskan Huskys angesehen werden.

Für Kurzstrecken bis 10 km:

Lukas Ammann:

„Wenn es darum geht, sich auf Sprint- und Kurzstreckenläufe vorzubereiten, gibt es ein paar Trainingstechniken, die dir helfen können, die nötige Ausdauer aufzubauen. Eine Methode, die ich für sehr effektiv halte, ist das Freebiking mit deinem Hund. Dabei lässt du deinen Hund neben dir her traben, während du mit dem Fahrrad fährst. Das ist eine effektive Methode, um allmählich eure Ausdauer zu verbessern. Als Faustregel gilt, dass der Hund erst ins Geschirr gespannt wird, wenn die Temperatur unter 10 Grad Celsius sinkt.

Um sicherzugehen, dass ich Fortschritte mache, versuche ich, meine Zieldistanz zweimal pro Woche um 2-4 km zu überschreiten. An den anderen Tagen versuche ich, eine kürzere Strecke zu fahren als mein Ziel, etwa 2 km. Ich konzentriere mich immer auf Laufdistanzen, die mit meinen Wettkampfzielen übereinstimmen.

Ich finde, dass Krafttraining auch wichtig ist, da es hilft, Muskeln aufzubauen, die für die Aufrechterhaltung von Geschwindigkeit und Kraft entscheidend sind.

Wenn meine Hunde vor dem Rad laufen, arbeiten sie immer gegen den Widerstand der Fahrradbremsen. Das hilft ihnen, ihre Kraft und Ausdauer zu trainieren. Einmal im Monat erlaube ich ihnen, ohne Widerstand zu laufen, um ihnen eine Pause zu gönnen.

Ich trainiere immer mit Blick auf bestimmte Veranstaltungen, wie Meisterschaften. Für diese Rennen ist es mein Ziel, saubere und effiziente Läufe zu absolvieren. Im Laufe der Saison erhöhe ich allmählich das Gewicht, das meine Hunde ziehen müssen. In der letzten Saison zogen wir mit vier Hunden einen 90 kg schweren Wagen, plus zusätzliche 75 kg für mich. Es ist wichtig, das Gewicht, das die Hunde ziehen, schrittweise zu erhöhen, um ihre Kraft und Ausdauer zu verbessern. Im Sprintrennen ist dann alles auf Leichtigkeit ausgelegt. So wiegt der Rennwagen nur 19 kg."

Lukas Ammann

Für mittlere und lange Distanzen:

Lisa Pannenberg:

„Ich beginne unsere Trainingseinheiten, sobald es morgens kühl genug ist. In der Regel ab etwa 10 Grad Celsius. Ich starte mit einer Strecke von etwa 4-5 Kilometern alle 2-3 Tage. Dabei habe ich entweder 6 Hunde und einen Wagen von insgesamt 70 kg Gewicht, zuzüglich mir, oder ich nehme 8 Hunde und einen Beifahrer mit.

Die Streckenlänge und das Gewicht werden dann je nach Wetterbedingungen schrittweise gesteigert. Sobald der November kommt und durch die Gästefahrten etwa 350 kg Gewicht und Strecken von 15 bis 20 km mit zehn Hunden gefordert sind, passen wir uns dementsprechend an. Wenn Schnee liegt, erhöhen wir die Distanzen entsprechend.

Generell legen wir Wert auf ein ausgewogenes Training, bei dem wir Kraft, Ausdauer und Tempo gleichermaßen berücksichtigen. Zunächst legen wir den Fokus auf die Kraftentwicklung und trainieren eher langsam. Dadurch bauen wir eine gute Ausdauer auf, und das Tempo entwickelt sich dann ganz von allein.

Am wichtigsten ist es, die Hunde gesund und fit zu halten, damit sie die Herausforderungen der Wettbewerbssaison bewältigen können. Daher lege ich großen Wert auf eine progressive Steigerung der Belastung und passe das Training den jeweiligen Bedingungen an. So kann ich sicherstellen, dass unsere Hunde bestmöglich auf die Rennen vorbereitet sind und ihre Leistungsfähigkeit kontinuierlich verbessern."

Erziehung durch Respekt

In Lisas Husky-Rudel lebt unter anderem Django. Er ist ein Malamute. Wenn man ihn kennt, dann hat es den Anschein, dass Fressen das Wichtigste in seinem Leben ist. Vor allem seine Knochen sind ihm sehr wichtig. Nicht nur die in seinem Körper, sondern vor allem jene, die er zum Kauen bekommt. Er kann oft stundenlang und völlig gedankenverloren daran herumkauen. Eines Tages trug sich mit Django folgende kleine Anekdote zu: Indy hatte Welpen, und diese waren ungefähr zehn Wochen jung. Im Gehege lag noch ein Stück Rinderknochen, ein kleiner Rest aus der Wirbelsäule. Django nagte daran herum, ließ ihn dann aber nach einer langen und intensiven Kausession fallen und ging in die Scheune, die Teil seines Geheges war. Er hatte dort wohl etwas gehört und dachte, es gäbe Futter.

Sein Rinderknochen blieb indes nicht lange ungenutzt. Einer der kecken und vorwitzigen Welpen schnappte ihn sich so gleich und knabberte mit seinen süßen kleinen Zähnchen daran herum. Natürlich war er nicht sehr erfolgreich dabei, doch er hatte immer beobachtet, wie sein großer Onkel Django das machte. Und den wollte der kleine, freche Kerl unbedingt nachahmen. Nach kaum einer Minute gab der Kleine sein Vorhaben auf, um die Erkenntnis reicher, dass das mit seinen noch viel zu kleinen Zähnen kein angenehmes und prickelndes Gefühl war. Der Welpe ließ den Knochen einfach liegen und ging seiner Wege.

Es dauerte noch eine Weile, 15 bis 20 Minuten, bis Django aus der Scheune ins Gehege zurückkam. Er trabte noch ein wenig umher, und man hatte den Eindruck, als liefe er Patrouille. Dann schoss es ihm wohl wieder durch den Kopf, dass da doch noch dieser Knochen war, mit dem er sich beschäftigt hatte, bis er ihn liegen ließ, um zur Scheune zu eilen. Er fand ihn sofort wieder, stellte sich vor ihn und hielt die Nase ganz dicht daran, um zu riechen. Man konnte hören, wie er tief die Luft einzog, weil er bemerkt hatte, dass jemand anderes auf seinem Knochen herumgekaut hatte. Er schaute sich um und erblickte einige wenige Meter entfernt den herumtollenden Welpen. Mit viel Getöse und einem großen Sprung stand Django blitzschnell über ihm und knurrte ihn an – mehrmals und unmissverständlich. Der Welpe wälzte sich auf den Rücken, kreischte und schrie dabei in der typischen Alaskan Husky Art. Er versuchte, sich aus der Situation zu befreien. Django ließ ihn nicht entkommen. Um seinem Ärger über die Respektlosigkeit des Welpen Nachdruck zu verleihen, hielt er ihn eine Zeit lang in genau dieser Lage. Er stand über dem Welpen, die Lefzen hochgezogen, sodass man seine Zähne sehen konnte. Immer wieder entfuhr ihm ein dunkles Knurren, welches die Lunge des Welpen zum Zittern gebracht haben musste, so intensiv haben selbst wir es noch auf einige Meter Entfernung wahrgenommen. Der Welpe lag unter Django und wälzte sich immer wieder hin und her. Dann blieb er still liegen. Nun ließ Django von ihm ab und ging einfach still weg. Während der ganzen Aktion hatte Django den Welpen nicht ein einziges Mal berührt. Er schlenderte, als wenn nichts gewesen wäre, zu seinem Knochen, ließ sich nieder und widmete sich in aller Seelenruhe weiter seiner Delikatesse. Der Welpe hat sich seitdem nie wieder an einem Knochen von Django vergriffen. Nach dieser Aktion haben wir auch keinen der anderen Welpen mehr gesehen, der versuchte, einen Knochen zu ergattern, an dem Django genagt hatte. Anscheinend waren sämtliche Welpen schwer beeindruckt und hatten verstanden, wem man besser keine Knochen stibitzen sollte.

Gerade in der Zeit, als die jungen Rüden geschlechtsreif wurden, musste Django offensichtlich deutlicher den Rüden herauskehren, als er es sonst tat. So kam es unter anderem zu folgender Szene: Blitz und Ablaz spielten miteinander ein Flankenbeißspiel. Django kam vorbeigeschlendert. Sein Ziel war eine der Hütten, um sich darin niederzulassen. Er verharrte in Höhe der beiden Welpen, schaute sie an und knurrte kurz. Beide, Blitz und Ablaz, hörten sofort auf zu spielen und schauten zu Django. Das reichte ihm offensichtlich, denn er setzte seinen Weg in Richtung der Hütten fort. Als er vorbeigegangen war, spielten sie weiter.

Dieses wunderbare Beispiel zeigt, dass Django sich Respekt verschafft, indem er sich durchsetzt. Die Leute denken oft, dass man hart sein muss, um seinen Willen durchzusetzen. Bei Lisa ist das jedoch nicht der Fall. Obwohl sie nicht hart ist, schafft sie es, sich gegen 20 Huskys auf einmal durchzusetzen. Sie ist eher eine Kakerlake, die alles tut, was nötig ist, um ihren Standpunkt durchzusetzen. Nur so kann sie das Rudel anführen und dafür sorgen, dass sie in einer sicheren, klaren und organisierten Struktur leben.

Lisa ist ein anschauliches Beispiel für Durchsetzungsvermögen. Sie zeigt, dass es nicht nötig ist, hart oder aggressiv zu sein, um sich Respekt zu verschaffen. Stattdessen setzt sie ihre Intelligenz und ihr Geschick ein, um ihre Ziele zu erreichen. Das Husky-Rudel erkennt ihre Führungsqualitäten an und folgt ihr bereitwillig.
Es ist bemerkenswert, wie Lisa ihre Führungsrolle ausfüllt. Sie ist nicht die größte oder stärkste in dem Rudel, nein, das ist sie tatsächlich nicht. Aber sie hat die Fähigkeit, die anderen zu

motivieren und zu lenken. Ihre Entschlossenheit und ihren Einsatz bewundern die Mitglieder des Rudels. Sie lässt sich nicht von Rückschlägen entmutigen, sondern findet immer neue Wege, um ihre Position zu behaupten. Die geordneten Strukturen, in denen das Rudel lebt, sind das Ergebnis von Lisas Führung. Durch ihre klare Kommunikation und ihre Fähigkeit, Konflikte zu lösen, schafft sie ein harmonisches Zusammenleben. Jedes Mitglied des Rudels weiß, wo es steht und welche Aufgaben es zu erfüllen hat. Dadurch entsteht ein Gefühl von Sicherheit und Vertrauen.

Insgesamt ist Lisas Geschichte eine inspirierende Lektion darüber, wie man sich behaupten kann, ohne hart oder aggressiv zu sein. Ihr Beispiel zeigt, dass Durchsetzungsvermögen nicht von äußeren Merkmalen abhängig ist, sondern von inneren Qualitäten wie Intelligenz, Entschlossenheit und Führungsfähigkeiten. Wenn man diese Eigenschaften besitzt, kann man Respekt und Anerkennung erlangen und ein erfülltes und geordnetes Leben mit einer Vielzahl von Hunden führen.

Ohne diesen Respekt, ohne diese Führungseigenschaften, wäre es ihr und ihrem Gespann nicht gelungen, das allererste Rennen auf Schnee, das fast 250 km lange Beaver Trap Trail, zu bestehen. (Siehe dazu: „Mit 20 Huskys durch Europa", ISBN: 979-8850080464)

Sich einem Hund gegenüber durchzusetzen, bedeutet nicht, dass der Hund Angst haben sollte. Angst zu zeigen ist nicht dasselbe wie Respekt zu zeigen; das ist etwas völlig anderes. Andererseits ist nicht jeder Hund, der den Schwanz einzieht, zwangsläufig ängstlich; je nach Situation kann dies auch ein Zeichen für bescheidenen Respekt sein.

Einige Leser fragen sich vielleicht, wie das in der Praxis im Umgang mit ihren eigenen Hunden aussieht. Für diese Leser habe ich eine schlechte Nachricht: Es gibt keine Gebrauchsanweisung dafür. Man muss mit sich selbst im Reinen sein, nur dann kann man ehrlich und authentisch vermitteln, was man will, und das wird von den Hunden respektiert werden.

Was Veränderungen sofort für Folgen im Zusammenleben mit den Huskys haben:

Im Großen und Ganzen sind die über 20 Huskys in Lisas Gehege sehr ruhig. Tagsüber wird selten gebellt. Im Sommer können sie bei der Begrüßung oder der Fütterung mal etwas lauter sein und kurz heulen oder bellen, wenn fremde Menschen das Gehege betreten oder Besuch kommt. Doch Lisa erwartet, dass diese Ausbrüche kurz und knapp bleiben, also unter einer Minute. Ansonsten herrscht akustische Ruhe. Spielen und Toben untereinander sind natürlich erlaubt, und es ist auch kein Problem, wenn dabei Geräusche entstehen. Aber der Einsatz der Stimmbänder außerhalb der genannten Ausnahmen ist von Lisa nicht erwünscht. Das ist wichtig, denn ein aufgeregtes Durcheinander nervt nicht nur alle Menschen im Umfeld, sondern ist auch schwerer zu kontrollieren. Wie jeder Hundehalter ist es auch für Lisa entscheidend, ihre Hunde unter Kontrolle zu haben.

Wenn sie dann im Sommer für zwei Wochen in Schweden ist, kümmert sich Ralf um ihre geliebten Vierbeiner. Lisa vermisst ihre rennverrückten Huskys, obwohl sie ihre Haushunde dabei hat. Aber Ralf ist eine vertrauenswürdige Person, die sich gut um die Hunde kümmert, wenn Lisa nicht da ist. Wenn sie nach zwei Wochen zurückkommt, ist das Gehege nicht mehr so still und geordnet wie zuvor. Lisas Abwesenheit hat ein Macht-Vakuum hinterlassen. In der Anwesenheit von Ralf haben die Huskys ihren Platz neu definiert, das Vakuum ausgefüllt, denn es war Ralf nicht so wichtig, dies auszufüllen. Er ist mehr der Knuddler und Kümmerer. Wenn Lisa zurückkehrt, muss sie sich ihren Status und den damit verbundenen Respekt erneut erarbeiten. In den Tagen nach ihrer Rückkehr muss sie beharrlich darauf drängen, dass sich die Hunde wieder ruhig verhalten. Es bedarf Zeit und Konsistenz, bis wieder die gewohnte Harmonie und Ordnung im Gehege herrscht.

Mehr Informationen zu diesem Thema: „So kannst du deinen Hund überallhin mitnehmen", ISBN: 978-3756816842 und „Mehrhundehaltung - Ganz einfach!" ISBN: 978-3756815630

Benötigte Eigenschaften zum Führen

In einer anderen Veröffentlichung habe ich die wichtigsten Eigenschaften eines guten Leaders zu einem Manifest zusammengefasst. Dies gilt sowohl für Menschen als auch für Hunde. Diese Fähigkeiten sind existenziell zum Führen einer Gruppe, die nicht freiwillig zusammenlebt, wie es in einem Hunde-Rudel der Fall ist. Ich benutze bewusst das Wort „Rudelchef" statt „Leader". Ich habe die Befürchtung, dass es zu Verwechslungen zwischen den vierbeinigen Leadern im Gespann und dem Chef des Rudels kommen könnte. Denn der Chef des Rudels steht über den Leadern im Gespann in der Hierarchie. Er hat im Zweifel oder im Konflikt das letzte Wort. Der Rudelchef ist der alleinige Entscheider und der alleinige Verantwortliche für alles, was im Rudel, im Gespann oder allgemein in der Gemeinschaft passiert.

Ein Rudelchef benötigt eine Vielzahl von Fähigkeiten, um effektiv zu sein und andere erfolgreich zu führen. Hier sind einige wichtige Fähigkeiten, die ein Rudelchef benötigt:

Kommunikation: *Ein Rudelchef muss über exzellente Kommunikationsfähigkeiten verfügen, um seine Vision und Ziele klar und präzise zu vermitteln. Dies beinhaltet das effektive Ausdrücken von Ideen und Anweisungen. Handzeichen sind in diesem Zusammenhang ineffektiver, als ehrliche, auch von Emotionen bestimmte verbale Anweisungen. Diese verbalen Anweisungen müssen nicht zwangsläufig Kommandos enthalten, die authentische Emotion ist entscheidend. Sie können sowohl als Lob als auch als Tadel impulsiv und aus dem Bauch heraus dem Gegenüber mitgeteilt werden. Aufgesetzte und gespielte Emotionen sind zu unterlassen, sie werden vom Hund als Lüge enttarnt.*

Motivation: *Ein Rudelchef sollte die Fähigkeit haben, seinen Hund zu motivieren und zu inspirieren. Indem er die Bedürfnisse (artgerechte Bewegung, hochwertiges Futter) und Interessen (wortwörtliche Sicherheit, Befriedigung der Bedürfnisse) seines Hundes versteht, kann er dessen innere Motivation fördern und seinen Hund dazu bringen, sein Bestes zu geben zum Wohle der Gemeinschaft.*

Entscheidungsfindung: *Kluge und fundierte Entscheidungen dienen dem Wohle der Gemeinschaft. Rudelchefs sammeln situativ Informationen, wägen verschiedene Optionen ab, bewerten Risiken und treffen dann eine Entscheidung, die dem Wohl der Gemeinschaft dient. Es bedarf Mut, Entscheidungen zu fällen, denn wer Entscheidungen trifft, der übernimmt Verantwortung. Es braucht Selbstsicherheit, Entscheidungen zu fällen, denn man muss seine Entscheidungen nach außen hin vertreten. Man muss einstehen, für sich, seinen Hund, seine Entscheidungen und Sicht der Dinge. Auch in der Öffentlichkeit und wenn es Widerstände gibt.*

Problemlösung: Ein Rudelchef sollte in der Lage sein, Probleme effektiv zu erkennen und Lösungen zu finden. Dies erfordert analytische Fähigkeiten, Kreativität und die Fähigkeit, alternative Lösungswege zu erkennen.

Teamführung: Rudelchefs müssen in der Lage sein, ein Team zu leiten und zu motivieren. Dies beinhaltet die Fähigkeit, Aufgaben nach dem Talent des Hundes zu delegieren und Konflikte zu lösen. Letzteres ist entscheidend für die oben bereits erwähnte Sicherheit des Hundes.

Flexibilität: Rudelchefs müssen flexibel sein und sich an neue Situationen und sich ändernde Umstände anpassen können. Sie sollten offen für Veränderungen sein und bereit, neue Ansätze auszuprobieren, um den Erfolg sicherzustellen.

Emotionale Intelligenz: Ein Rudelchef mit hoher emotionaler Intelligenz kann die Emotionen anderer Menschen und Hunde erkennen, verstehen und darauf reagieren. Damit ist nicht gemeint, einen Hund „lesen zu lernen". Dies ist kontraproduktiv für das gegenseitige Vertrauen. Es käme zur Machtumkehr durch Anpassung. Vielmehr erwartet der Rudelchef, dass die Mitglieder der Gemeinschaft ihn „lesen lernen." Dies ermöglicht es ihm, Empathie zu zeigen, Beziehungen aufzubauen und ein positives Gemeinschaftsklima zu erzeugen.

Vision und Strategie: Ein Rudelchef sollte eine klare Vision für die Zukunft haben (Benennung des konkreten Zieles. Zum Beispiel: Zirkushund, Suchhund, Hund überallhin mitnehmen, Zughund,

Begleithund) und in der Lage sein, eine langfristige Strategie zu entwickeln, um diese Vision zu verwirklichen (Der Weg zum Ziel). Er sollte in der Lage sein, die dafür erforderlichen Zwischenziele und Maßnahmen umzusetzen.

__Integrität:__ Rudelchefs müssen integer und vertrauenswürdig sein. Sie sollten ihre Versprechen einhalten, ehrlich und authentisch sein. Sie sind ein Vorbild für ihren Hund.

Erziehung durch Spiel - Eine spannende Beobachtung im Husky-Rudel

Wie ist das eigentlich mit dem Respekt in dem Husky-Rudel?

Während Indy ihre Welpen großzog, boten wir ihnen eine vielfältige Auswahl an Spielzeugen wie Stöcke, Knotentaue und Bälle unterschiedlicher Größe. Selbst kleine Kartons wurden ihnen zur Verfügung gestellt, um ihre Körperkoordination zu trainieren. Ab der sechsten Woche begann sich ein spannendes Muster zu zeigen: Einer der Welpen schnappte sich einen Stock oder Knotentau und rannte los. Die anderen Welpen ließen sich nicht lange bitten und schlossen sich in einem aufregenden Jagdspiel an. Manchmal nahm ein weiterer Welpe ebenfalls ein Spielzeug und es entstanden zwei Gruppen, die in einem animierten Wettstreit umherjagten. Wenn die Verfolger den Vorausläufer einholten, verwandelte sich das Spiel in ein lebhaftes Zerrspiel.

Eine bemerkenswerte Szene ereignete sich, als die Welpen etwa acht Wochen alt waren. Edge, der Vater der Welpen, nahm ein Knotentau und begann damit zu spielen. Sofort wurden die Welpen neugierig und beobachteten, was er tat. Edge lief leichtfüßig durch das Gehege und schüttelte sporadisch seinen Kopf, sodass das Knotentau hin und her flog – ein Verhalten, das als „Totschütteln" bekannt ist. Als er sicher war, dass er ihre Aufmerksamkeit hatte, verlangsamte er sein Tempo und wandte sich ihnen zu, als ob er sie dazu ermutigte, näherzukommen.

Ein mutiger Welpe fasste schließlich den Entschluss und begann vorsichtig am Knotentau zu ziehen. Edge hielt fest. Nach und nach trauten sich die anderen Welpen, daran zu ziehen. Ein lustiger Kampf um das Tau entstand, da nicht alle gleichzeitig daran ziehen konnten. In einem bemerkenswerten Moment griff Edge ein, indem er mit einem lauten „Wuff" zwischen die Welpen sprang, ohne sie zu berühren. Die Welpen zogen sich sofort zurück, und damit hatte Edge nicht nur den Streit geschlichtet, sondern auch ihren Respekt gewonnen und gleichzeitig ihre Erziehung gefördert.

Edge ließ das Tau los, und nach einer Weile näherte sich ein anderer Welpe vorsichtig dem Spielzeug. Edge beobachtete ihn aufmerksam, und der Welpe zeigte deutlichen Respekt. Als der Welpe das Knotentau dann doch anfasste, zog Edge eine Grenze und ergriff erneut das Tau, um ihm zu verdeutlichen, dass es nicht erlaubt war, es ihm einfach wegzunehmen. Der Welpe war beeindruckt und zeigte nun ebenfalls Respekt gegenüber Edge.

Diese beobachtete Erziehung durch spielerische Interaktion zwischen den Welpen und Edge war wirklich spannend. Es stärkte das Vertrauen der Welpen in ihren Vater und sorgte für eine harmonische Entwicklung innerhalb des Rudels. Ähnliche Szenen konnte ich zuvor bereits bei einer Schäferhündin mit ihren Welpen beobachten. Das zeigt, wie wichtig und wirkungsvoll spielerische Erziehung für Hunde ist.

Aufregende Dynamik im Husky-Rudel: Erziehung durch spielerische Interaktion

In beiden beobachteten Situationen war es eben so, dass die erwachsenen Hunde das Knotentau danach einfach liegen ließen. Es war ihnen anschließend egal, wer damit etwas machte. Und nachdem die Welpen damit ausgiebig gespielt hatten, ließen auch sie es einfach liegen. Solche Szenen haben sich im Husky-Rudel auch mit den anderen erwachsenen Mitgliedern ergeben. Die Gegenstände, um die es ging, waren dabei austauschbar. Ein anderes Mal war es dann etwa ein Stock oder auch mal ein Stofftier. Django, der größte und kräftigste Rüde in dem Rudel, nahm natürlich gleich einen richtig großen Ast. Er war so schwer, dass es ein einzelner Welpe gar nicht geschafft hätte, ihn anzuheben. Was passierte später, nach einigen Wochen oder Monaten? Noch heute liegt in dem Gehege immer wieder Spielzeug herum. Wer gerade Lust hat, initiiert ein entsprechendes Jagd- oder Zerrspiel. Und wer Lust hat, macht mit, egal ob Welpe oder erwachsener Hund. Bei den Zerrspielen kann es vorkommen, dass am Ende ein Welpe dem unkonzentrierten erwachsenen Hund das Tau oder den Stock entreißt und davonrennt, verfolgt von den anderen Hunden. Und wenn diese ihn dann gestellt haben, beginnt wieder ein Zerrspiel. Ein „Der Chef gewinnt immer" haben wir nie festgestellt. Genauso wenig können wir die Aussagen vieler Hundeschulen bestätigen, dass Zerrspiele aggressiv machen. Nie ist eines der Rudelmitglieder durch Aggression aufgefallen. Eher gegenteiliges war der Fall: nach Zerrspielen waren die Hunde immer ausgeglichener, als nach einem anderen Spiel.

Für Lisa, die ihre Rolle als Chefin im Rudel übernimmt, ist das erzieherische Spiel ein wirkungsvolles Mittel, um sich schon bei den jungen Hunden Respekt zu verschaffen. Durch spielerische Interaktion kann sie ihre Hunde bedingungslos für sich gewinnen. Von Anfang an erleben die jungen Hunde, dass sie Lisa bedingungslos folgen können, da sie sie sicher durchs Leben führt. Die besondere Verbindung zwischen Lisa und ihrem Rudel wird durch diese spielerische Erziehung gestärkt und verleiht ihrem Führungsanspruch eine bemerkenswerte Tiefe. Es ist beeindruckend zu sehen, wie die lebhaften Interaktionen innerhalb des Husky-Rudels eine harmonische und respektvolle Gemeinschaft hervorbringen.

Der Alaskan Husky als Schlittenhund

Der Alaskan Husky ist ein beeindruckender Schlittenhund mit herausragenden Leistungen. Hier liegt sein wahres Potenzial. Bei Rennen hat sich ein eher leichter Typ etabliert, wobei Hündinnen zwischen 17 und 25 kg und Rüden zwischen 20 und 30 kg wiegen sollten. Die Leistungsfähigkeit dieser Hunde ist enorm. Unter optimalen Bedingungen, wie trockenem Frost, erreichen sie auf Distanzen von 50 km im Durchschnitt eine Geschwindigkeit von bis zu 20 km/h. Bei längeren Strecken von 80 bis 100 km können sie eine Durchschnittsgeschwindigkeit von etwa 16 km/h aufrechterhalten. In Langstreckenrennen wie dem berühmten Iditarod sind Alaskan Huskys in der Lage, über 240 km pro Tag mehr als 10 Tage zu laufen. Dabei ziehen sie ein Gesamtgewicht von 100 bis 150 kg, das von einem Team aus 14 Hunden bewältigt wird. Auf kurzen Strecken können sie sogar Spitzengeschwindigkeiten von 50 km/h erreichen.

In unserem Standort in Stinstedt an der Nordseeküste erreichen wir solche extremen Werte nicht, da wir selten optimale Bedingungen für die Huskys haben. Im Sommer, ab etwa 18 Grad, ist es für sie zu warm, und sie entspannen lieber. Im Winter, bei Minusgraden, sind sie nach entsprechendem Training in der Lage, bis zu 100 km pro Tag mit einer Durchschnittsgeschwindigkeit von 15 km/h zu laufen. Bei Wettbewerben erreichen sie bei einer Distanz von 200 km immer noch eine Durchschnittsgeschwindigkeit von 12 km/h.

Die Luftfeuchtigkeit spielt eine entscheidende Rolle für ihre Leistungsfähigkeit. Auf unseren Ausfahrten mit Kunden legen wir in der Regel 15 bis 20 km zurück, was etwa einer Stunde entspricht. Dabei erreichen wir eine Durchschnittsgeschwindigkeit von bis zu 20 km/h. In Spitzenzeiten können wir Geschwindigkeiten von 35 bis sogar 40 km/h erreichen. Bei unseren Ausfahrten ziehen normalerweise 10 Hunde einen Trainingswagen mit einem Gewicht von etwa 300 kg, inklusive der beiden Personen.

Der Alaskan Husky ist äußerst vielseitig einsetzbar und kann vor so ziemlich alles gespannt werden, was Kufen oder Räder hat. Er eignet sich ideal für alle Kategorien im Zughundesport und zeigt immer wieder seine beeindruckenden Fähigkeiten als zuverlässiger und leistungsstarker Schlittenhund.

Selbst unterschiedliche Präferenzen sind für ihn kein Problem. Lisa liebt es, mit sechs, acht oder mehr Alaskan Huskys vor einem Wagen zu fahren und dabei die Zeit und die Distanz zu stoppen. Ich bevorzuge, die Landschaft mit zwei Hunden vor einem Mountainbike zu genießen, was aufgrund der Geschwindigkeit nicht ganz einfach ist. Ich mag es, an einen See zu fahren, sie dort etwas trinken und sich ihre Füße kühlen zu lassen, um mich dann wieder auf den Heimweg zu machen – und das völlig ohne jeden Zeitdruck. Die Alaskan Huskys machen keinen Unterschied darin, was sie gerade ziehen. So können innerhalb einer Familie unterschiedliche Vorstellungen abgedeckt werden, ohne dass jemand Abstriche oder Kompromisse machen muss.

Manchmal kommt es unterwegs während der Ausfahrten zu dem sogenannten „Bunny Boost". Das heißt, dass plötzlich ein Hase zufällig den Weg des Gespanns kreuzt. Meistens erschrecken sich die „Bunnys", also die Hasen oder Kaninchen, sodass sie zeitweilig den Weg vor dem Gespann entlanglaufen, bevor sie wieder nach links oder rechts ins Unterholz abbiegen. Sobald ein solcher Bunny vor dem Gespann auftaucht, merkt man sofort, wie das gesamte Gespann anzieht. Es legt an Geschwindigkeit zu, als wenn die Hunde einen Turbo zuschalten, einen Boost. Sobald der Hase dann aber verschwunden ist, nehmen sie das Tempo wieder etwas zurück und schalten gewissermaßen den Turbo aus. Danach laufen sie weiter mit der für sie optimalen Geschwindigkeit. Und nein, sie gehen dem Hasen nicht nach, der den Weg wieder Haken schlagend verlassen hat. Sie gehen weiter den Weg geradeaus, nur auf Anweisung und Stimme reagierend. Dies ist umso bemerkenswerter, als dass sich in der Hundeszene hartnäckig das Gerücht hält, dass man Huskys aufgrund ihres enormen Jagdtriebs nicht bändigen kann. Sie würden sofort allem hinterher rennen, was vor ihnen wegläuft. Und gerade bei den Alaskan Huskys sind entsprechende Jagdhunderassen mit durchgekreuzt, sodass sie eigentlich vom Potenzial her noch stärker triebgesteuert sein müssten, als andere Rassen. Dennoch laufen sie auf Anweisung den Weg weiter geradeaus und verfolgen nicht den Hasen. Nun weißt du, lieber Leser, was die Musher meinen, wenn sie vom „Bunny Boost" reden.

Nicht weit von uns befindet sich ein großes Naturschutzgebiet. Dieses besteht aus einigen kleinen Seen und ist ein riesiges, zusammenhängendes Feuchtgebiet. Hier ziehen im Herbst und Winter sehr viele Zugvögel durch, vor allem Kraniche und Gänse. Lisa kann mit dem Gespann einen Weg entlangfahren, an dem links und rechts auf den Weiden und Seen hunderte, manchmal tausende Zugvögel rasten. Manchmal fährt sie an den Gänsen in einem Abstand von wenigen Metern vorbei. Doch das Gespann läuft weiter, die Hunde interessieren sich nicht für die Zugvögel, die dort sitzen, fressen, schlafen oder warten. Interessanterweise fliegen die Vögel nicht hoch, wie man vielleicht erwarten würde aufgrund der

Geschwindigkeit, des scheppernden Wagens und der Tatsache, dass es sich bei den Hunden um Raubtiere, also natürliche Feinde handelt. Die Vögel bleiben tatsächlich sitzen. Es ergab sich einmal, als wir mit dem Gespann durch hunderte Gänse fuhren, für die die Huskys sich nicht interessierten, bis in einiger Entfernung ein Jäger einen Schuss abgab. Augenblicklich waren um uns herum hunderte von Gänsen, die gleichzeitig starteten und sich in die Luft erhoben. Die Hunde waren sichtlich irritiert und auch beeindruckt von dem Schauspiel, das sich uns allen bot. Aber sie liefen weiter geradeaus und machten keinerlei Anstalten, den Gänsen hinterherzujagen. Soviel zum Thema Jagdtrieb. Diese Hunde müssen wie alle anderen Tiere und auch Menschen lernen, mit den Trieben umzugehen und sie zu kontrollieren. Kein Tier im Tierreich und kein Mensch kann seinen Trieben einfach hemmungslos nachgeben, auch die Alaskan Huskys nicht. Und ihr Drang zu laufen, ihr „will to go", ist so groß, dass im Gespann ein intakter Rüde neben einer intakten Hündin laufen kann, die ihre Stehtage hat, ohne dass es zu einer Kopulation kommt.

Und wenn ich gerade dabei bin, Geschichten von unterwegs, von unseren Ausfahrten zu erzählen, dann habe ich noch eine Anekdote: Die Hunde, die direkt vor dem Trainingswagen laufen, heißen Wheel-Dogs. Diese sind in der Regel die kräftigsten Hunde im Gespann, und meistens sind es auch diejenigen, welchen es unangenehm ist, wenn noch andere Hunde hinter ihnen laufen. Die Hunde vor den Wheel-Dogs nennt man in einem Gespann von sechs Hunden Swing-Dogs, und die Hunde, die das Gespann anführen, sind die Leithunde, die Leaddogs. Ist man nun auf einer Ausfahrt unterwegs und einer der Hunde muss sein Geschäft erledigen, so kann er dies nur im Laufen tun. Die ersten ein, zwei Male sieht das noch sehr unbeholfen aus, denn sie versuchen, stehenzubleiben. Das gelingt ihnen natürlich nicht, weil alle anderen Hunde sie mitziehen.

Nach dem dritten, vierten Mal haben sie gelernt, wie man im vollen Lauf sein Geschäft erledigt. Das mit anzusehen, bringt unsere Besucher immer wieder in Erstaunen. Sie konnten sich bis dahin gar nicht vorstellen, dass Hunde dazu in der Lage sind. Doch, das können sie, das können sie sogar ausgezeichnet. Es ist nur eine Frage der Übung. Und falls du es wissen möchtest: Menschen können das auch, es ist ebenfalls hier nur eine Frage der Übung. Aber man muss natürlich nicht alles können. Dumm läuft es allerdings dann, wenn die Wheel-Dogs Durchfall haben. Wenn ein Hund im vollen Lauf auf einmal anfängt, sein dünnflüssiges Geschäft zu erledigen und sich sein Hinterteil auf Höhe der Sitzfläche, nur einen Meter entfernt befindet, so wird sicherlich die Fantasie genügend Bilder im Kopf entstehen lassen, um sich vorzustellen, was dann passiert. Du möchtest danach nur noch duschen.

Die Haltung

Fütterung

Ein Alaskan, der als Zughund arbeitet, benötigt mehr Futter als ein Hund, der nicht arbeitet. Die Futtermenge hängt von der Größe des Hundes, der Art der Haltung und der Bewegung ab. Im Winter muss besonders darauf geachtet werden, dass der Hund genug Energie in Form von Futter erhält, primär bei niedrigen Temperaturen und vielen Ausfahrten. Die benötigte Energiemenge kann mehrere tausend Kalorien pro Tag betragen.

So füttert Lisa ihre über 20 Alaskan Huskys für Mittel- und Langstrecken:

Morgens und abends bekommt jeder eine handvoll Trockenfutter. Daran kann sie sehen, ob alle Hunde fit sind, denn wenn ein Hund in der Situation nicht frisst, dann ist etwas. Hinzu kommt, dass sie in der Saison nicht mit leerem Magen und damit ohne Energie loslaufen müssen, denn das Training findet aus organisatorischen Gründen vormittags statt.

Mittags ein Gemisch aus Trockenfutter, Fleisch und Wasser, im Sommer nur Fleisch und Wasser, da der Energiebedarf deutlich geringer ist. Nur Fleisch würde im Winter als Energielieferant nicht reichen. Nur Trockenfutter hat den Nachteil, dass der Fleischanteil zu gering ist, selbst bei dem besten Trockenfutter. Zudem ist Fleisch das gesündeste, artgerechteste und am besten verdaulichste Futter für den Hund.

Nach einem größeren Lauf oder Gästetour bekommen ihre Huskys eine warme Suppe. Sie besteht aus warmem Wasser, Fleisch und einer Mineralmischung. Das dient der sofortigen Energiezufuhr, sowie dem Wasser- und Mineralausgleich.

Vor Wettbewerben gibt es ca. 90 Minuten vor dem Start eine warme Suppe, wie oben beschrieben. Hier gibt es die Suppe vorher, damit sie während des Rennens ausreichend Energie und Wasser haben.

Wasser ist das A und O während der Zughundesaison. Zu wenig Wasser führt zu deutlichen Leistungseinbußen, sie überhitzen schneller und die Verdauung verschlechtert sich deutlich. Dies sieht man an Durchfall oder Verstopfung. Je nach Veranlagung des Hundes. In der Rennsaison ist Wasser für Lisa mit einer der größten logistischen Herausforderungen. In Skandinavien ist das Thema Wasser eher von untergeordneter Bedeutung, weil sie unterwegs Schnee fressen, um sich abzukühlen. Zudem ist der Flüssigkeitsverbrauch dort geringer, da sie dort nicht so warm werden und sich weniger abkühlen müssen.

Bei Touren ab 30 km verteilt Lisa unterwegs Snacks. Die bestehen aus rohem Fleisch. In Skandinavien natürlich aufgrund der dortigen Temperaturen gefroren. Lisa gibt sie aber auch in Deutschland im Winter gefroren. Sie verteilt die gefrorenen Fleischstücke wie Eis in der Waffel an Kinder. Das hat den zusätzlichen Effekt, neben der Energie, dass die Hunde besser abkühlen.

So füttern Sabrina und Lukas Ammann, Teilnehmer an internationalen Sprint-Meisterschaften für die Schweiz:

„Unsere Hunde bekommen nur das Beste zu fressen - tiefgefrorenes Fleisch, dazu eine köstliche Mischung aus Gemüse und Kräutern. Um die Nährstoffaufnahme zu optimieren, fügen wir Öle hinzu. Im Sommer werden noch eine Prise Kokosraspeln und Knoblauchpulver hinzugefügt. Die Fütterung erfolgt zweimal täglich - einmal früh morgens um 6 Uhr und dann wieder zwischen 15 und 19 Uhr, je nach Tagesplan.

Im Frühling reduzieren wir langsam die Futterration, damit die Hunde nicht aus den Muskeln Energie ziehen müssen. Im Sommer brauchen sie etwas weniger Futter, momentan sind es 8 kg Fleisch für insgesamt 14 Hunde von jung bis alt. Die Energie, die der Körper für die Kühlung benötigt, sollte nicht unterschätzt werden, insbesondere jetzt, da es so schnell warm wird. Im Herbst beginnt das Training und wir erhöhen die Futterration, damit genügend Fett in Muskeln umgewandelt werden kann. Im Winter geben wir etwa 50 % mehr Futter im Vergleich zum Sommer.

Einmal in der Woche gibt es Innereien und jeden Sonntag bekommt jeder Hund ein ganzes Ei mit Schale, da dies reich an Protein ist und der Rest auch nicht schadet.

Direkt nach dem Training geben wir den Hunden Magnesiumpulver ins Wasser und einen speziell zusammengesetzten Fleischriegel zur schnellen Regeneration. Dies alles dient der Erholung der Hunde. Vor einem Rennen gibt es 2 Stunden vor dem Start eine Fleischsuppe und direkt nach dem Zieleinlauf eine Suppe mit Magnesiumpulver und einen Fleischriegel. Die volle Futterration wird etwa 30 Minuten nach dem Zieleinlauf gegeben, um zu sehen, wer futterfest ist und wer spärlich frisst. Es ist gewissermaßen eine Art Test. Futterfeste Huskys nehmen in allen Situationen Nahrung und damit Energie zu sich. Sie fressen, egal was um sie herum passiert. Sprintrennen bedeuten hohen Stress für alle Beteiligten. Huskys, die nach einem Rennen schlecht fressen, sind weniger robust und leistungsschwächer. Sie sind über ihr Leistungslimit gekommen. Dies gilt für die Zukunft zu berücksichtigen. Es dient damit ebenso der Zuchtselektion, um eine robuste und leistungsfähige Rasse zu erhalten.

Vor dem Start gibt es nur die volle Futterration, wenn noch 6 Stunden bis zum Start verbleiben. Wir legen großen Wert darauf, dass unsere Hunde immer die bestmögliche Nahrung bekommen, um ihre Leistung und Gesundheit zu optimieren. Da sind wir pingelig und detailverliebt."

Harald Thunheim aus Alta in Norwegen, einer der erfolgreichsten Langstrecken-Musher der Welt:

Im Sommer bekommen seine Huskys 1 x am Tag rohes Fleisch und Wasser zur permanenten Verfügung. Im Winter 3 x am Tag ein Mix aus Fleisch und Trockenfutter mit viel Wasser angereichert. Dies ist bei seiner klimatischen Umgebung wichtig, da aufgrund der Temperaturen von bis zu -40 Grad die Hunde dort keine Möglichkeit haben, an offenes Wasser zu gelangen.

Bei Wettbewerben verteilt er als Energielieferant verschiedene Snacks. Während der Wettbewerbe selbst hat er verschiedene getrocknete oder gefrorene Powersnacks dabei, damit sichergestellt ist, dass auch für jeden Huskygeschmack das passende dabei ist. Ein Husky, der bei einem Rennen nicht frisst, weil er nicht mag, wird nicht genügend Energie haben, um zum Erfolg des Rennteams beitragen zu können.

Die genannten Beispiele zeigen verschiedene Ansätze in der Fütterung, die alle zum gewünschten Erfolg führen. Es gibt keine allgemeingültige Methode der Fütterung, da zu viele variable Faktoren eine Rolle bei der optimalen Fütterung spielen.

Wird der Alaskan vorwiegend als Haushund gehalten, der einen lediglich bei den täglichen, sportlichen Aktivitäten wie Fahrradrunden oder Joggen begleitet, unterscheidet sich die Fütterung nur unwesentlich von anderen Haushunden. Hier ist lediglich darauf zu achten, dass die Menge des Futters den Aktivitäten angepasst wird.

Ein gesunder Alaskan Huskys kommt mit gutem Trockenfutter ebenso zurecht, wie mit Rohfütterung oder Barf.

Die Futtermenge kann individuell unterschiedlich sein, da es gute und weniger gute Futterverwerter gibt. Übergewicht ist bei Hunden genauso wie bei Menschen und Pferden ungesund. Jedes hundert Gramm Übergewicht oder Untergewicht beeinträchtigt die Leistungsfähigkeit des Hundes.

Lisa wiegt die Hunde weder täglich noch wöchentlich. Durch die Fellbeschaffenheit kann man schnell erkennen, ob der Hund das richtige Gewicht hat. Bei plüschigen Rassen wie dem Siberian Husky ist dies jedoch schwieriger, da Über- und Untergewicht nicht so schnell auffallen.

Unterbringung

Im Gehege - Draußen

Alaska Huskys fühlen sich am wohlsten, wenn sie in einem Rudel draußen leben können. Dabei müssen jedoch die Vorschriften des Tierschutzgesetzes beachtet werden, welche die Größe und Beschaffenheit des Zwingers oder Geheges vorgeben. Für jeden Hund muss außerdem mindestens eine warme Hütte vorhanden sein.

Die Gehege können auf verschiedenste Arten gebaut werden. Ein Fundament aus Beton mit fertigen Gitterelementen darauf, erfüllt genauso seinen Zweck, wie ausrangierte, mit Kabelbindern verbundene Bauzaunelemente. Letztere Variante favorisiert Lisa, da sie mit diesen Elementen sehr flexibel ist und innerhalb kürzester Zeit das Gehege umbauen und damit den aktuellen Bedürfnissen der Hunde anpassen kann. Ihr gesamtes Gehege kann im Bedarfsfall innerhalb einer Stunde abgebaut und neu aufgestellt werden. Es wird in die natürlichen Gegebenheiten der Umgebung angepasst und nicht umgekehrt. Sie sind naturbelassen, mit vorhandenem Baumbewuchs und Buschwerk. Der Boden ist weder befestigt noch verdichtet.

In Lisas Husky-Rudel hat sich die Vergesellschaftung von Brüdern und Schwestern in der Regel als äußerst erfolgreich erwiesen. Lisa hat durchweg positive Erfahrungen damit gemacht. Allerdings gestaltet sich die Zusammenführung von Mutter und Tochter bzw. Vater und Sohn weniger gut. Auch die Vergesellschaftung von zwei Brüdern oder zwei Schwestern hat sich als nicht so erfolgreich erwiesen.

Bei der Vergesellschaftung von Brüdern und Schwestern scheint eine besondere Bindung zu bestehen. Sie sind von Geburt an miteinander aufgewachsen und haben eine starke Verbindung zueinander. Diese Verbindung kann sich positiv auf ihr Zusammenleben im Rudel auswirken. Sie kennen sich bereits gut und verstehen sich in der Regel problemlos.

Die Situation ändert sich jedoch, wenn es um die Vergesellschaftung von Mutter und Tochter bzw. Vater und Sohn geht. Hier können Konflikte entstehen, da die Mutter oder der Vater oft eine dominante Rolle in der Beziehung einnehmen. Die jüngeren Tiere können sich dadurch unterdrückt oder benachteiligt fühlen. Es kann zu Rivalitäten und Kämpfen kommen, was zu einer angespannten Atmosphäre im Rudel führt.

Auch bei der Vergesellschaftung von zwei Brüdern oder zwei Schwestern gibt es häufig Probleme. Da sie ähnliche Charaktereigenschaften und Bedürfnisse haben, kann es zu Konkurrenzverhalten kommen. Sie versuchen möglicherweise, die Führung im Rudel zu übernehmen, was zu Streitigkeiten führen kann.

Es ist wichtig, bei der Vergesellschaftung von Huskys auf die individuellen Bedürfnisse jedes Tieres einzugehen. Eine gute Vorbereitung und langsame Annäherung können dabei helfen, Konflikte zu vermeiden.

Es kommt häufig vor, dass Hundehalter ihren Hund steuerlich absetzen möchten, zum Beispiel als Wachhund. In einem solchen Fall greift jedoch das deutsche Tierschutzgesetz für die gewerbliche Haltung von Hunden. Hier ist geregelt welche weiteren Bestimmungen und Abnahmen vom Bauamt und Veterinäramt erforderlich sind.

Im Haus

Im Haus: Wie die meisten nordischen Hunde bleiben auch Alaskans nicht gerne allein. Wenn man Alaskans im Haus halten will und sie dort auch mal allein bleiben sollen, sollte man entweder zwei Hunde halten oder ausgesprochen gerne renovieren. Wenn die Hunde nicht genug ausgelastet werden, suchen sie sich schnell etwas, um ihre Langeweile zu vertreiben und dekorieren gerne um.

Natürlich ist es möglich, mit diesen Hunden eine Hundeschule zu besuchen und ihnen alle grundlegenden Kommandos beizubringen, wie es bei anderen Hunderassen auch der Fall ist. Alaskan Huskys können auf Rückruf reagieren, sich setzen, hinlegen und sind in der Lage, dich in verschiedenen Alltagssituationen zu begleiten, sei es in einem Lokal oder in öffentlichen Verkehrsmitteln. Dank ihres Vertrauens in dich sind sie äußerst alltagstauglich und erfordern keine besonderen Übungen oder Sozialisierungsmaßnahmen während der Welpen- oder Junghundephase.

Wenn du das Vertrauen dieser Hunde gewonnen hast, werden sie gerne mit dir überall hingehen. In den Kapiteln dieses Buches findest du einige Beispiele und Geschichten zu diesem Thema.

Ein beliebtes und zugleich dogmatisches Thema im Kontext der Huskys ist das Jagen. Man kann die Alaskan an alle Tiere im Haus gewöhnen. Sie werden diese dann nicht attackieren, sondern akzeptieren. Es gibt Fälle, in denen die Alaskans mit der Hauskatze zusammen gekuschelt in einem Körbchen geschlafen haben oder Meerschweinchen frei durch die Wohnung gerannt sind, ohne dass sie von den Alaskans als Snack angesehen wurden. Und ob sie draußen, außerhalb der Wohnung, jagen oder nicht, das hängt zuallererst von dir ab. Ein entscheidender Faktor ist die körperliche Auslastung. Wenn dein Alaskan körperlich nicht ausgeglichen ist, so wird er jedes Wildtier außerhalb deiner Wohnung als Gelegenheit sehen, sich die Bewegung zu verschaffen, die er benötigt. Die beiden anderen Faktoren sind Respekt und Vertrauen. Wenn dein Alaskan dich respektiert und dir vertraut, wird er dein Verbot akzeptieren und nicht jagen. Man kann also mit einem Alaskan ausgiebige Spaziergänge und Wanderungen ohne Leine und Halsband machen, ohne zur Gefahr für die Allgemeinheit zu werden.

In der Regel leben alle Mitglieder des Rudels draußen. Dort können sie jederzeit und überall ihr Geschäft erledigen, wenn ihnen danach ist. Nie haben wir einem der Hunde verboten, an beliebiger Stelle zu markieren oder Kot abzusetzen.
Nur in Ausnahmefällen nehmen wir einen Husky aus dem Rudel mit ins Haus. Meistens geht es dann um eine medizinische Versorgung oder eine spezielle Pflegemaßnahme. Doch noch nie hat einer der Huskys sein Geschäft im Haus erledigt. Nicht mal ein Markieren der Rüden gab es. Und in unserem Haus leben sechs, zumeist kleine

Hunde, darunter auch Rüden. Selbst wenn sie über Nacht oder über einige Tage im Haus verweilten, hielten sie alle immer „dicht". Erst, wenn wir mit ihnen an die frische Luft gingen, entleerten sie den Darm oder die Blase. Wir können es nicht begründen oder erklären. Auf uns macht es dein Eindruck einer Art angeborener Stubenreinheit – oder die Huskys hatten das schlicht und ergreifend von den Hunden, die bei uns im Haus leben, übernommen.

Um deinem Alaskan Husky im Haus eine gemütliche Liegestelle einzurichten, empfehle ich, einen Ort in den Räumen auszuwählen, in denen du dich häufig aufhältst. Ein weiches Kissen oder ein praktisches Körbchen bieten sich als bequeme Optionen an. Da Alaskan Huskys vorwiegend draußen bei jedem Wetter Spaß haben und gelegentlich dreckig ins Haus kommen können, ist es ratsam, bei der Auswahl der Liegestelle dies in Betracht zu ziehen.

Egal, ob drinnen oder draußen, beides ist möglich, wenn es um den reinen Wohlfühlfaktor geht. Dabei spielt die Persönlichkeit des Hundes eine entscheidende Rolle, wie das Beispiel von Magic zeigt. Magic ist mittlerweile sechs Jahre alt und war einer der ersten Huskys, die bei Lisa einzogen. Magic ist ein einzigartiger Hund mit einer starken Persönlichkeit. Sie hat einen starken Willen und weiß genau, was sie will. Ihre Anhänglichkeit ist bemerkenswert und sie liebt es, Zeit mit ihrem Besitzer zu verbringen. Sie ist eine Hündin, die gerne im Mittelpunkt steht und die Aufmerksamkeit auf sich zieht. Ihr schmusiger Charakter macht sie zu einem lustigen und interessanten Begleiter. Allerdings ist Magic auch sehr wählerisch, wenn es um ihre Artgenossen geht. Sie hat eine deutliche Abneigung gegenüber anderen Hunden. Auf Distanz ignoriert Magic sie, kommen sie zu nahe, wird sie zickig. Das macht das Zusammenleben in einem großen Rudel schwierig und stressig. Daher wäre es für sie ideal, in einem ruhigen Haushalt zu leben, in dem sie der einzige Hund ist. Dort könnte sie ihre ganze Aufmerksamkeit auf ihren Besitzer richten und wäre der perfekte Begleiter.

Natürlich müsste man dann noch klären, wie man Hundebegegnungen am besten handhabt, aber das wäre dann auch schon alles.

Pflege

Ein großer Vorteil der Alaskan Huskys ist der geringe Pflegeaufwand, welcher von Mushern auf der ganzen Welt geschätzt wird.

Das kurze Fell benötigt nur seltenes Bürsten, außer gelegentlich während des Fellwechsels.

Bei einer guten Ernährung treten in der Regel keine Probleme mit den Zähnen auf, aber es ist ratsam, sie regelmäßig zu überprüfen. Nur in seltenen Fällen neigen Alaskan Huskys aufgrund ihrer Speichelzusammensetzung zu Zahnproblemen. In solchen Fällen ist eine regelmäßige Zahnreinigung erforderlich, um Zahnsteinbildung vorzubeugen.

Die Krallen der Huskys laufen sich in der Regel durch ausreichende Bewegung, wie oben beschrieben, von selbst ab. Gelegentlich kann es jedoch notwendig sein, die Krallen zu kürzen. Wolfskrallen kommen bei Alaskan Huskys nur selten vor, aber wenn sie vorhanden sind, sollte darauf geachtet werden, dass sie den Hund beim Laufen nicht stören oder Schmerzen verursachen. Dann muss sie gekürzt werden.

Die Pfotenballen benötigen normalerweise keine spezielle Pflege. Aufgrund ihrer besonderen Anatomie bilden sich nur unter bestimmten Wetterbedingungen Schneeklumpen zwischen den Ballen. Zu Beginn der Trainingssaison trägt Lisa bei ihren Huskys etwas Pfotenbalsam auf die Ballen auf, um sie an die erhöhte Beanspruchung zu gewöhnen.

Die Augen und Ohren benötigen keine besondere Pflege, außer dass sie sauber gehalten werden sollten, insbesondere wenn sie durch Aktivitäten im Freien verschmutzt sind.

Im Sommer

Im Sommer schalten die Huskys in den Sommerchillmodus. Für Rennen und andere körperlich anstrengende Aktivitäten ist es zu warm. Es ist Sommerpause angesagt. Diese Zeit nutzen die Hunde, um sich von der anstrengenden Wintersaison zu erholen. Sie spielen viel miteinander, planschen in den Wasserwannen und können einfach nur Hund sein. Alle sind entspannt und zufrieden. Die meiste Zeit liegen sie nur herum und dösen. Gerne buddeln sie tiefe Löcher, vorwiegend unter den Hütten, denn dort ist es schön kühl. Wie auch in dem kleinen, gebaggerten See im 5500 qm großen Auslaufareal. Es gibt natürlich viele Kuscheleinheiten in dieser Zeit. Lisa versucht die Welpenwürfe so zu legen, dass sie in den Sommer fallen. Die einzige Arbeit, der die Huskys im Sommer nachgehen, ist Besuchern das Leben im Rudel zu zeigen.

Erst wenn die Temperaturen etwas niedriger werden, beginnt Lisa langsam damit, sie am Fahrrad anzutrainieren und auf die kommende Wintersaison vorzubereiten.

Zucht

Aufgrund der begrenzten Verbreitung der Alaskan Huskys ist es wichtig, sorgfältig darauf zu achten, dass keine zu eng miteinander verwandten Tiere miteinander verpaart werden. Um dies zu gewährleisten, kann man die Stammbäume der Alaskan Huskys online auf pedigree4dogs.net einsehen. Seriöse Züchter stellen dort ihre Welpen vor, und diese Seite entspricht den schriftlichen Stammbäumen der Zuchtverbände anderer Rassen. Auf diese Weise wird die genetische Vielfalt und Gesundheit der Alaskan Huskys gewahrt.

Es ist angebracht, die Verpaarung von zwei blauäugigen Huskys zu vermeiden. In solchen Fällen besteht ein erhöhtes Risiko für Kehlkopflähmung. Ebenso ist bei der Verpaarung von Hunden mit geringem Pigmentanteil, vorrangig mit viel Weiß, Vorsicht geboten, da die Gefahr von Erbkrankheiten ebenfalls erhöht ist. Es sollte betont werden, dass das Zuchtziel dieser Rasse gesunde und robuste Hunde sind und nicht primär äußere Schönheit.

Züchter sollten Hunde, die nach einem Rennen schlecht fressen oder trinken oder Probleme mit ihren Pfoten oder anderen körperlichen Einschränkungen haben, von der Zucht ausschließen. Dies gilt auch für Hunde mit Wolfskrallen. Obwohl Wolfskrallen an sich nicht schädlich sind, können sie auf Wegen, auf denen Hunde Pfotenschuhe tragen müssen, zu Scheuerstellen führen.

Die Gesundheit und das Wohlbefinden der Hunde haben oberste Priorität, und Züchter sollten verantwortungsbewusst handeln, um sicherzustellen, dass die zukünftigen Generationen von Alaskan Huskys frei von genetischen Defekten und Problemen sind. Ein achtsamer Zuchtansatz gewährleistet, dass die Rasse weiterhin gesund und stark bleibt und ihren charakteristischen Charme behält.

Wie bei allen Hunden vergehen ungefähr 63 Tage von der Verpaarung bis zur Geburt. Ab spätestens der fünften Woche werden die angehenden Mütter nicht mehr für den Zughundesport eingesetzt.

Komplikationen bei der Geburt der Welpen treten selten auf. In der Regel meistert die Fähe die gesamte Geburt eigenständig. Wenn jedoch ein Welpe schief liegt oder die Wehen zu schwach sind, muss ein Tierarzt eingreifen. Letzteres ist auf Vererbung zurückzuführen und führt dazu, dass betroffene Fähen nicht

zur Zucht eingesetzt werden. Schließlich widerspricht dies dem Ziel, robuste und gesunde Hunde zu züchten.

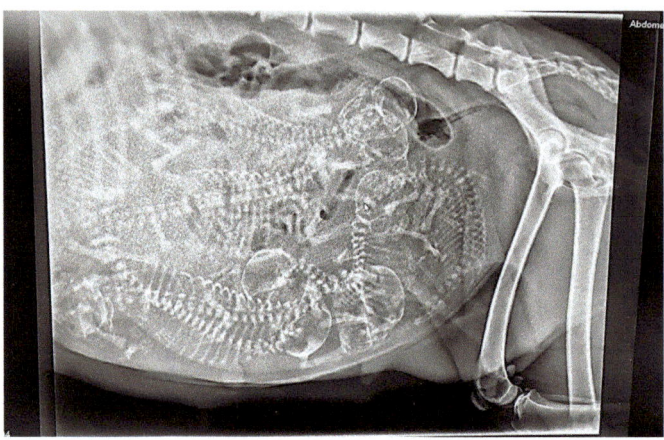

Röntgenbild von Freya kurz vor dem Kaiserschnitt. Ganz rechts ist der in Freya verstorbene Welpe zu sehen, der die Geburt der anderen verhindert hat.

Freya einige Wochen nach der Geburt. Links wacht der Vater Kurt

Der Durchschnittswurf besteht in der Regel aus etwa 5 bis 7 Welpen, was als normale Spanne angesehen wird. Diese durchschnittliche Größe bietet eine gute Balance zwischen der Anzahl der Welpen, die die Hündin erfolgreich aufziehen, und der Menge an individueller Pflege und Aufmerksamkeit, die jedem Welpen gewidmet werden kann.

Jeder Wurf ist eine einzigartige Kombination von Genen und Merkmalen, die von den Elterntieren vererbt werden. Es ist interessant zu sehen, wie sich die Welpen in ihren Persönlichkeiten, Farben und anderen physischen Merkmalen unterscheiden. Vom seidigen Fell bis zu den leuchtenden Augen - jeder Welpe bringt eine einzigartige Schönheit und Charme mit sich.

Die Verantwortung eines Züchters besteht darin, sicherzustellen, dass alle Welpen die bestmögliche Pflege und Fürsorge erhalten, unabhängig von ihrer Anzahl. Jeder Welpe ist ein wertvolles Individuum und verdient die gleiche Liebe und Aufmerksamkeit, um zu gesunden und glücklichen Alaskan Huskys heranzuwachsen.

Obwohl die Wurfgröße variieren kann, ist die Freude und Begeisterung, die von jedem neuen Wurf ausgeht, unglaublich. Die Ankunft der Welpen ist der Moment, der die Herzen der Züchter und Liebhaber dieser Rasse höher schlagen lässt. Es ist ein Zeichen des Lebens, wenn die kleinen Huskys auf die Welt kommen und die Freude in die Herzen der Menschen bringen. Wer glaubt, man könne Glück nicht kaufen, der hat noch nie einen Huskywelpen gekauft.

Die Alaskans sind so instinktsicher, dass sie auch nach der Geburt bei der Aufzucht der Welpen keine menschliche Hilfe benötigen.

In der zweiten Lebenswoche zeigen die Welpen ein spannendes Verhalten, wenn die Mutter gefüttert wird. Sobald sie in der Lage sind, sich fortzubewegen, krabbeln oder rollen sie, etwa anderthalb bis zwei Meter entfernt, zu dem Futternapf. Ihr ausgeprägter Geruchssinn lässt sie bereits das frische Futter wahrnehmen, und ihr Instinkt sagt ihnen: Das ist lecker!

Etwa ab der dritten Lebenswoche werden die Welpen zusätzlich zur Muttermilch zugefüttert. Es wird ihnen rohes Fleisch in Form von Brei in Ziegenmilch serviert. Später wird die Ziegenmilch weggelassen und das pürierte Fleisch wird peu à peu gröber. Sie verschlingen es mit Begeisterung.

Diese Phase der Zucht ist äußerst spannend, da die jungen Hunde nun allmählich an eine neue Nahrungsquelle gewöhnt werden und ihre kulinarischen Vorlieben entwickeln.

Die Gewöhnung an feste Nahrung ist eine wichtige Etappe in der Entwicklung der Welpen, der ihren natürlichen Ernährungsbedürfnissen gerecht wird und ihre körperliche Entwicklung unterstützt. Der Übergang von Muttermilch zu rohem Fleisch ist ein wichtiger Schritt in ihrer Entwicklung, der sie auf das Leben als gesunde und kräftige Alaskan Huskys vorbereitet.

Wenn die Welpen zwei Wochen alt sind, dann erkunden sie neugierig die Welt. Sie krabbeln dann auch aus der Hütte heraus. Problematisch ist es genau dann, wenn sie nicht selbstständig wieder zurück in die Hütte hinein gelangen können. Dann ist die Mutter gefragt, sie mit ihrem Maul aufzunehmen und wieder in die Hütte zu setzen. Ab einem gewissen Punkt sind die Welpen aber zu schwer dazu. Zu schwer? Ja, tatsächlich. Eine instinktsichere und erfahrene Hündin weiß genau, wie viel Druck sie mit ihrem Maul bei den Welpen ausüben kann, um diese gefahrlos tragen zu können. Ab einem gewissen Punkt sind die Welpen aber zu schwer und die Mutter würde mit mehr Druck die Welpen verletzen. Das sind die Tage, an denen die Hundemütter etwas verzweifelt sind. Gerne würden sie sich so um ihre Welpen kümmern, wie es ihr Instinkt von ihnen verlangt, aber sie können es nicht. So ist jedes Mal die Freude der Mutter riesig, wenn Lisa die Welpen statt der Mutter rettet und sie zurück in die Hütte legt.

In den kommenden Wochen werden die Welpen die Welt entdecken. Sie werden ihren Radius innerhalb des hundert Quadratmeter großen Geheges stetig erweitern. Die kleinen Hunde werden immer neugieriger und mutiger, während sie ihre Umgebung erkunden. Es ist beeindruckend zu erleben, wie sie sich an neue Geräusche und Gerüche gewöhnen und ihre Umgebung mit ihren noch unbeholfenen Schritten erkunden. Es ist eine aufregende Zeit für die

Welpen, in der sie täglich neue Erfahrungen sammeln und ihre Persönlichkeiten entwickeln.

Weil es hier immer spannend bleibt, eine Welpenanekdote: Unter einem erhöhten Podest, auf dem eine gemütliche Hundehütte thront, haben die Welpen in gemeinsamer Arbeit eine Höhle gegraben. In den vergangenen Wochen war es ungewöhnlich warm und extrem trocken, wodurch es in ihrer selbst gebauten Höhle angenehm kühl war. Deswegen schliefen die Welpen nachts dort. Doch in der Nacht brach ein heftiges Gewitter mit Starkregen aus. Es war der erste Regen seit Wochen und für die Welpen eine völlig neue Erfahrung. Sie kannten bis dahin keinen Regen. Der Regen prasselte so stark, dass die Höhle schnell mit Wasser geflutet wurde. Die Welpen saßen unter dem Podest fest und wagten es nicht, durch das Wasser zu gehen. Diese flüssige, kühle Masse, die sie bisher nicht kannten, löste in ihnen eine starke Angststarre aus. Sie drohten zu ertrinken. Das Wasser stand ihnen nicht nur sprichwörtlich bis zum Hals. Mitten in der Nacht, während des Gewitters und des Starkregens, sprang Lisa in ihren Schlappen durch das Schlafzimmerfenster und rutschte zum Gehege. Mit aller Kraft hob sie die Palette mit dem Podest an, sicherte die Palette mit einem Stein und befreite die Welpen. Völlig durchnässt und mit einem Welpen auf dem Arm kommentierte sie: „Gut, dass niemand das gefilmt hat." Am Ende waren alle klatschnass, voller Matsch und bereit für die Waschmaschine.

Ab einem Alter von 8 Wochen verlassen die Welpen das Rudel und ziehen in ihr neues Zuhause. Welpen, die in Zukunft im Zughundesport eingesetzt werden, bleiben auf Wunsch bis zur 12 Lebenswoche bei der Mutter und den restlichen Geschwistern. Wenn es sich um Welpen handelt, die ins Ausland gehen, müssen sie aufgrund der Impfbestimmungen bis zur 16. Woche warten, bevor sie zu ihren neuen Besitzern reisen können. Die Welpen aus der Zuchtstätte „Vom Wilden Moor" haben bereits Familien zwischen Schweden und der Schweiz glücklich gemacht und ihr Leben als Haushunde, Zughunde oder Teil von Gespannen bereichert.

Die Auswahl der Welpen, die das Rudel von Lisa verstärken sollen, erfolgt nach ihrem Bauchgefühl. Bisher hat sie damit immer richtig gelegen. Es ist eine Freude zu sehen, wie die Welpen aus dieser Zuchtstätte ihr neues Zuhause und das Leben ihrer Besitzer bereichern. Selbst nach Jahren erreichen Lisa noch Fotos und Berichte zu ihren abgegebenen Welpen. Es ist ein Zeichen für die hervorragende Arbeit, die Lisa leistet, um sicherzustellen, dass jeder Welpe in einer liebevollen und fürsorglichen Umgebung aufwächst.

Ob die Geburt und die Aufzucht der Welpen in einem geschützten Haus oder draußen in einem Gehege stattfinden, macht keinen großen Unterschied im Ablauf. Beide Optionen haben ihre Vor- und Nachteile. Jeder Züchter muss die richtige Umgebung für die Aufzucht der Welpen anhand seiner persönlichen Umstände und Zuchtziele auswählen. Die Verwendung einer Wärmelampe ist zum Beispiel für die Aufzucht außerhalb des Hauses erforderlich, aber nicht für die Aufzucht innerhalb des Hauses. Es ist viel einfacher, die Welpen sauber zu halten, wenn sie in einem Gehege aufgezogen werden, als wenn sie in einem Wohnbereich aufgezogen werden.

Zucht, Aufzucht und Verkauf von Welpen sind in ganz Europa durch nationale Tierschutzgesetze und EU-Verordnungen geregelt. In Deutschland sind die gesetzlichen Bestimmungen in der Hundeverordnung zu finden. Da die Hundeverordnung jedes Jahr geändert wird, verzichte ich darauf, ihren Inhalt zu veröffentlichen oder Informationen darüber zu geben. Die aktuelle Hundeverordnung kann in zahlreichen Quellen im Internet eingesehen oder heruntergeladen werden. Jeder, der ernsthaft an der Zucht interessiert ist, sollte sich auch mit der entsprechenden Hundeverordnung vertraut machen.

Alles, was ich hier geschrieben habe, basiert auf der aktuellen Version der Hundeverordnung zum Zeitpunkt des Schreibens, Frühjahr 2023.

Was macht einen guten Leaddog aus?

Ein Leithund ist ein Hund, der an der Spitze eines Schlittenteams läuft. Für den Musher ist dieser Hund der wichtigste Hund im Team. Er hat den Ehrgeiz, mehr zu geben und schneller zu sein als die anderen, aber nicht zu schnell, damit die anderen Huskys im Team noch mithalten können. Der Leithund, der dem Menschen folgt, ist intelligent, willensstark und durchsetzungsfähig genug, um eine Gruppe zu führen.

Es reicht nicht, einem Hund die gängigen Kommandos wie Links, Rechts, Geradeaus oder Stopp beizubringen, damit aus ihm ein Leaddog wird. Einen Leaddog kann man nicht trainieren, denn für einen solchen Hund bedarf es einiger Komponenten, die man nicht einüben kann. Es braucht hierfür einiges mehr, und nur wenige Hunde haben das Zeug dazu. Ein Leaddog muss die mentale Stärke aufbringen, die anderen Hunde im Gespann zu führen und ihnen in brenzligen Situationen Sicherheit geben. Und er muss Entscheidungen treffen, die zum Wohle aller sind. Erfahrung ist genau dafür eine wichtige Komponente.

Leaddogs kommen als Leader auf die Welt. Nur bei den wenigsten entwickelt es sich erst schrittweise. Meistens laufen sie dann erst als Swinger im Gespann (hinter den Leaddogs und vor den Wheeler) und entwickeln ihr Potenzial – oder unter Umständen auch nicht. Wenn ein Mensch genetisch für bestimmte Verhaltensweisen anfällig ist, kann seine Umgebung dazu beitragen, diese Tendenzen auszuprägen oder zu unterdrücken. Gleiches gilt für Hunde. Wenn ein Mensch über seinen Hund sagt: „Das ist ein sturer Hund!", dann hat der Hund zwar die Veranlagung, aber der Mensch hat entscheidend dazu beitragen, dass es so ist.

Gute Leaddogs haben einen hohen emotionalen und monetären Wert für den Musher. Um die besten Leistungen zu bringen, benötigt ein Leaddog das für ihn passende Umfeld. Deswegen kann man ihn auch nicht so einfach vor ein anderes Gespann stellen und dann die gleichen Topleistungen erwarten. Das funktioniert nicht.

Wenn du zehn Musher fragst, was einen guten Leaddog ausmacht, dann erhältst du zehn verschiedene Antworten. Dies liegt daran, dass jeder Musher seine eigenen Vorstellungen von Leaddogs hat. Lisa bevorzugt zum Beispiel einen, der uneingeschränkt genau das tut, was sie sagt und der in einem gewissen Maße mitdenkt: Die Kurven nicht zu eng zu nehmen und bei Schildern aufpassen, ob daneben noch genug Platz für das Gespann ist und so weiter. Ich selbst bevorzuge einen Leaddog, der mitdenkt, der merkt, wenn ich unsicher bin, Zweifel habe und der dann zum Wohle aller das Gespann führt. Nicole Kampmann, eine mit Lisa befreundete Musherin aus Norwegen, beschreibt bei Facebook ihren optimalen Leaddog folgendermaßen: „Der Leader ist der Hund, der ganz vorn läuft. Dieser wird geboren, nicht gemacht. Es gibt viele Hunde, die vorn laufen können, aber nur sehr, sehr wenige, die als Leader geboren sind. Wir haben drei. Auch deshalb ist ein Stammbaum so wichtig, weil mit einem Stammbaum voller Leader die Wahrscheinlichkeit höher ist, dass in einem Wurf Leader fallen. Ein Leader muss der Kopfhärteste von allen sein. Er muss den Druck von hinten aushalten, den verschneiten Trail ausfindig machen (der sogenannte Snowsense) und das Gespann über gefährlichen Untergrund souverän und sicher führen können. Es ist der Hund, auf den man sich als Musher verlässt, wenn man selbst nicht mehr weiterweiß. Der dich durch Sturm sicher nach Hause bringt, selbstständig entscheidet und die Geschwindigkeit hält und setzt. Es ist korrekt, dass man erst sieht, was ein echter Leader ist, wenn dieser durch Schnee laufen muss. Auf Dreck (alles, was nicht Schnee ist, wird von Mushern als Dreck bezeichnet) muss ein Hund nur vorn laufen, die Geschwindigkeit halten und Kommandos befolgen. Daher sind diese Hunde extrem wertvoll und sehr hoch gehandelt – wenn sie überhaupt verkauft werden. Bekommst du einen, kannst du dich sehr glücklich schätzen." Sehr unterschiedliche Wünsche an einen Leaddog.

Die beiden Leaddogs von Lisa sind Indy und Edge, ein perfekt aufeinander abgestimmtes Duo, das zuverlässig das Gespann führt. Obwohl Indy manchmal die Richtungen ein wenig durcheinanderbringt, indem aus links plötzlich rechts wird oder sie eine andere Route bevorzugt, ist Edge immer zur Stelle, um sie in die richtige Spur zu bringen. Dann drückt Edge sie sozusagen in die richtige Spur, denn er verwechselt die Richtungen nie und stellt Lisas Ansagen nie infrage. Edge gibt das Tempo für das Gespann vor und damit auch für Indy. Und der Rest der Hunde orientiert sich an Indy. Edge ist immer einen Tick schneller als die anderen, die sich an Indy orientieren und zieht sie dadurch alle mit. Indy ist erfahren. Sie hat viele tausend Kilometer hinter sich und ist einige große Rennen rund um den nördlichen Globus mitgelaufen. Sie hat klare Vorstellungen, wie es im Rudel zu laufen hat und kann ihre Vorstellungen selbst mit geringem Aufwand durchsetzen. Dadurch hat sie nicht nur den Respekt der anderen Hunde im Rudel, sondern damit einhergehend auch deren Vertrauen. Kommt das Gespann in eine Situation, in der Edge am liebsten im Erdboden versinken würde, orientieren sich alle an Indy, die sich genau dann ihrer Verantwortung stellt und das Gespann so anführt, dass alle die Lage sicher bewältigen.

Ein kleines, anekdotisches Erlebnis mit Ayana. Es steht beispielhaft für die verschiedenen Anforderungen an die Leaddogs. (Aus dem Buch: Mit 20 Huskys durch Europa. ISBN: 9783757830687)

„Am Freitagmorgen erklärte sich Julia bereit, Lisa die Trainingsstrecke in Reingers zu zeigen. Ein Angebot, das Lisa natürlich sofort dankend annahm. Sie spannten ein und fuhren los. Die Trainingsstrecke hatte eine Länge von 10 km und ging nur über die österreichische Seite. Der Übergang zur tschechischen Seite wurde erst zum Rennstart freigegeben. So konnte Lisa nicht die ganze Rennstrecke kennenlernen, sondern ebendiese 10 km auf österreichischer Seite. Wie Lisa mir berichtete, ging es andauernd links und rechts und rechts und links und links und rechts. Ohne die Hinweisschilder würde sie die Strecke nicht noch mal fahren können. Umso erstaunlicher die kleine Geschichte, die Lisa am Samstag nach der Rückkehr vom ersten Rennen erzählte. Ayana, eine der beiden Leaderinnen, wollte an einer Stelle unbedingt weiter geradeaus, wie am Vortag. Es war die Stelle, an der es rechts ab in Richtung Tschechoslowakei ging. Ayana wollte partout geradeaus, obwohl Flatterband und einige Menschen ihr den Weg versperrten und ihr alle zeigten, wo sie lang laufen müsste. Es bedurfte einiger Überzeugungskraft von Lisa, Ayana davon zu überzeugen, dass heute an dieser Stelle rechts abgebogen werden muss. Ayana hatte die Strecke in besserer Erinnerung, als Lisa, die die Wegmarkierungen zu Hilfe nehmen musste. Und das sind die Eigenschaften, die einen Leader ausmachen. Aber Ayana ist leider auch nur ein Hund und macht auch mal Fehler. Wie ein Jahr zuvor, als ich mit Lisa auf einer Trainingsrunde im heimischen Stinstedt mitfuhr. Ich fahre selten auf diesen Trainingsrunden mit. Doch bin ich an diesem Tag mitgefahren, weil Lisa eine neue Runde fahren wollte, über einen Damm an einem unserer Kanäle entlang. Es sollte sich herausstellen, dass dies eine gute Entscheidung war, dass

ich mitkam. Denn wir bogen von der Straße ab auf den Damm des Kanals. Lisa fuhr auf der Krone des Dammes einige hundert Meter entlang, bevor es von diesem Damm links herunterging, um dann ein Stück weit parallel an dem Damm entlangzufahren, bevor es wieder auf einem befestigten Weg weiterging. Nun standen wir auf dem Damm und Lisa gab Ayana die Anweisung, links abzubiegen. Irgendwie schien das aber Ayana nicht einzuleuchten, denn sie schaute nur links, rechts, überall, aber setzte sich nicht in Bewegung. Nochmals und nochmals forderte Lisa Ayana auf, links abzubiegen, um den Damm herunterzufahren. Und dann setze sich Ayana in Bewegung. Leider in die falsche Richtung: Nach rechts. Dort war das Wasser. Sie plante tatsächlich, mit dem ganzen Gespann und dem Wagen durch den Kanal zu fahren. Ich sprang vom Wagen, um die Hunde festzuhalten, und Lisa krallte den Wagen im Boden des Dammes fest. Doch die ersten drei Reihen des Gespanns waren schon im Wasser und schwammen. Gemeinsam zogen wir an der Zugleine die Hunde wieder aus dem Wasser heraus. Also ja, auch Ayana kann sich mal irren. Doch in den allermeisten Fällen kann man sich auf sie verlassen. Sie ist zumindest für Mitteleuropa eine hervorragende Leaderin. Wie sie sich in Skandinavien und im Schnee beweisen wird, werden wir in den kommenden Monaten sehen. Mich überraschte die Entwicklung."

Seid ihr ein Hunderudel?

Ähm, nein! Das seid ihr nicht. Leider ist der Begriff Hunderudel, wie auch der Begriff Rudel in der Vorstellung vieler Menschen eine streng hierarchisch strukturierte soziale Gruppe mit nach Unterwerfung strebenden „Alphatieren". Und jetzt fange ich einfach mal mit dem wissenschaftlichen „Klugscheißer"-Modus an und erkläre, warum ihr kein Hunderudel mit eurem Hund seid und nicht sein werdet.

Es gibt wohl neben dem Wort Dominanz kaum eines, das in der Hundeszene so inflationär und so oft falsch verwendet wird wie das Wort Rudel. Rudel ist ein Begriff mit hoher Bedeutung, so wie das Wort Familie, bei dem es sich sehr ähnlich verhält. Und mit den Bezeichnungen Rudel, wie auch Dominanz, werden meist falsche Zusammenhänge und Ableitungen konstruiert, auf die wir in diesem Buch noch zu sprechen kommen. Es ergeben sich mit diesen Begriffen falsche Überlegungen im Kopf des Menschen. Diese sehen zwei oder mehr Hunde und denken, es sei ein Rudel. Oder eine Familie nimmt einen Hund zu sich ins Haus und denkt jetzt, sie sei ein Rudel. Dabei gibt es eine klare Definition für das Rudel:

Ein Hunderudel ist ein Familienverband.

Ein Rudel ist ein Familienverband! Und Familie bedeutet: Eltern, Kinder, Geschwister, Tanten, Cousinen und deren Nachkommen. Oder wie Günther Bloch es beschreibt: „Soziale Familienverbände mit echten verwandtschaftlichen Beziehungen. Es sind bemerkenswert kooperative und sozial strukturierte Gruppen mit formal dominanten Elterntieren und deren Nachwuchs aus 2–3 Jahren." Solche Rudel kommen in Deutschland kaum noch vor. Wenn, dann meistens bei Züchtern, die nur Eltern und Nachkommen haben, bei Mushern, die sich ihre Zughunde selbst heranziehen oder bei Schäfern, die sich ihre Hütehunde selbst nachziehen.

Gekauft oder bei dir geboren?

Da ein Hund normalerweise gekauft und nicht in eine menschliche Familie hineingeboren wird, ist eine menschliche Familie mit einem Hund kein Rudel. So einfach ist das. Aber was bist du mit deinem Hund, wenn ihr kein Rudel seid? Ihr seid eine Meute! Nicht mehr und nicht weniger. Unverwandte Hunde, die in einer Gemeinschaft leben, nennt man Meute. Das gilt für alle Gemeinschaften von verschiedenen Tierarten. Du hast bestimmt schon im Fernsehen gesehen, wie in England früher die Menschen in roten und schwarzen Mänteln und weißen Hosen zur Jagd geritten sind. Sie hatten immer eine große Anzahl von Beagles dabei, die nach dem Fuchs suchen mussten. Diese Beagles bildeten eine Meute von Hunden. Übrigens wurden in Deutschland früher auch Pudel für diese Art der Jagd eingesetzt, und auch das war eine Meute. Genau wie du mit deinem Hund, dein Nachbar oder der Polizist mit seinem Hund.

Und wenn der Hund woanders ist?

Das gilt auch für die Hunde in Hundepensionen. Diese werben aktuell gerne mit dem Wort „Rudelhaltung". Das ist schlichtweg falsch, hört sich aber gut an. Und in Zeiten alternativer Fakten nehmen es viele eben nicht mehr so genau, sondern entscheiden sich lieber für das, was sich besser anhört.

Unterschied zwischen Hunderudel und Hundemeute?

Was ist der genaue Unterschied zwischen einem Hunderudel und einer Hundemeute? In einem Hunderudel gibt es ein festes Sozialgefüge. Dieses Gefüge hat diese Tiere von Natur aus in der Evolution so erfolgreich gemacht. Es gibt von den Eltern ausgehend eine Struktur, die versorgt, beschützt und lehrt. Die Älteren bringen den Jüngeren in einem Hunderudel alles bei, was diese zum Überleben benötigen. Bei den Jüngeren herrscht von Anfang an ein Respektgefüge gegenüber den Älteren vor, das nicht einmal im Ansatz infrage gestellt wird. Sie werden dort gewissermaßen hineingeboren. „Die Erfahrung der Erfahrenen achten", nannte Eberhard Trummler dieses System. Ein Hunderudel wird von einem erfahrenen Althund geführt, meist einer Hündin. Dann folgen zumeist in der Hierarchie die Nachkommen, vom Ältesten bis zum Jüngsten. Und wenn du, lieber Leser, all dies nun gerade auf dich und deinen Hund beziehst, denke daran: Ihr seid kein Rudel!

Die Erfahrung der Erfahrenen achten.

In einer Meute fehlt dieses feste, gewachsene, soziale Gefüge. Hier kommen fremde Menschen und Hunde zusammen, die sich einfach vertragen müssen. Sie haben keine Wahl. Nur in Ausnahmen bildet sich ein gefestigtes soziales Gefüge heraus. Dies ist der riesengroße Unterschied zu einem Hunderudel, und daraus resultiert ein anderer Umgang der Hunde untereinander.

Das betrifft auch Menschen, die Teil einer Meute sein wollen. In einer Meute mit mehreren Hunden darf ich es als Mensch nicht zulassen, dass sich ein „Hunde-Chef" herausbildet, sondern alle müssen auf gleicher Ebene stehen. Wenn hier einer Chef werden will, muss er sich diese Stellung in der Regel „erstreiten". Dies kann unter Hunden eventuell zu Beißereien führen. Die anderen Hunde stellen diesen Chef ständig oder in gewissen Abständen oder

Gelegenheiten infrage, was wiederum Streit und eventuell Beißereien mit der Gefahr von Verletzungen nach sich zieht.

Wenn einer Chef des Hunderudels sein will.

Das gilt ebenso, wenn ein Mensch Chef dieser Meute sein will. Auch er wird immer wieder infrage gestellt. Das kann funktionieren, wenn es einmal ausgefochten und zwischen den Beteiligten dann geklärt ist. Dies kann sich aber jederzeit wieder ändern. Im Familienverband eines Hunderudels ist dies durch das Sozialgefüge geregelt. In einer Meute ist das die Aufgabe des Besitzers, denn er muss nun die Stellung des Althundes in einem Familienverband erreichen. Er muss sich den Respekt eines jeden einzelnen Hundes erarbeiten und verdienen. Respekt bekommt man nicht geschenkt oder per Paketdienst geliefert.

Respekt ist ein entscheidender Faktor.

Diesen Respekt verdient er sich durch die Haltung und den Umgang mit allen Beteiligten. Er übernimmt die Aufgaben des erfahrenen Althundes, und das heißt: Er beschützt seinen Hund, erfüllt seine Bedürfnisse, wie Futter, soziale Kontakte (damit sind nicht nur die Hunde gemeint, sondern auch der Mensch) und Bewegung. Er bildet ihn aus, bringt ihm alles bei, was er benötigt und geht konsequent und gerecht mit ihm um. Damit hat der Besitzer also eine ganz andere Aufgabe, als den Chef zu spielen. Nichts ist somit unsinniger als die Aussage: Hunde klären das unter sich. Das ist und bleibt meine Aufgabe als Halter und Besitzer, denn Hunde klären gar nichts unter sich. Jede Beißerei oder Streiterei mit anderen Hunden zerstört dieses mühsam aufgebaute Vertrauen und den Respekt dem Menschen gegenüber. Nur so bekommt Lisa ihre über 20 Hunde unter Kontrolle.

„Was? Zwanzig Hunde?", magst du nun denken, lieber Leser, „Zwanzig Hunde?" Ja, Lisa hat neben ihrer Meute von vier Hunden noch ein Huskyrudel von Alaskan Huskys. Diese leben draußen am Haus in einem großen Gehege mit angeschlossener Scheune. Mit diesen Huskys fährt sie in einem Gespann vor einem Trainingswagen. Es war ein echtes Hunderudel, also ein Familienverband von Eltern, Geschwistern und Nachkommen. Ich habe das Glück, dass ich an diesem Hunderudel teilhaben durfte, eine wunderbare Erfahrung. Nicht zu vergleichen mit unseren Meutehunden. An diesem Hunderudel konnten wir nach Belieben, Lust und Laune Langzeitverhaltensstudien durchführen. So ist in einem Hunderudel die Kommunikation viel feiner und weniger missverständlich, der Umgang viel klarer, eindeutiger und respektvoller sowie das Miteinander deutlich harmonischer und liebevoller, als in einer Mensch-Hund-Meute. Dieses Rudel wurde 2020 während der Corona-Pandemie zur Meute. Lisa entschied in der Zeit, anderen Alaskan Huskys ein Zuhause zu geben, die aufgrund des Lockdown nicht mehr bei ihren Haltern verbleiben konnten. In der Folge dieser Entscheidung fuhr sie ein halbes Dutzendmal nach Skandinavien und adoptierte dort Alaskans und integrierte sie in ihre Meute. Manche konnte sie auch innerhalb Deutschlands weiter vermitteln.

Manchmal ist man nur Gast im Hunderudel.

Wir sind beide bei jeder Begegnung Gast in diesem Hunderudel von Alaskan Huskys, mehr nicht. Wenn wir zu den Huskys in das Gehege gehen, dann dürfen diese Hunde uns zum Beispiel anspringen. Das würden wir bei unseren „Meuten" nicht dulden, aber in diesem Hunderudel sind wir nur Gast und akzeptieren ihre Regeln. So respektieren wir auch die Individualdistanz der Huskys, wenn sie es wünschen oder dass sie uns anknurren, wenn sie ein Stück Fleisch im Maul haben. Dies ändert sich, sobald wir etwas von den Huskys wollen. Wenn wir sie zum Beispiel vor den Wagen spannen, sie auf ihren Gesundheitszustand hin untersuchen oder während der Fahrt Richtung und Geschwindigkeit vorgeben. Dann bilden wir mit dem Rudel eine Meute. Und all das, was weiter oben beschrieben wurde, kommt dann zum Tragen. Wir bestimmen, ob es an der nächsten Kreuzung rechts oder links weitergeht, und wir setzen uns durch.

Im Gegensatz zu einer Hundemeute.

Im Gegensatz zu einer Meute, bei der wir uns bei jedem Hund einzeln durchsetzen müssen, brauchen wir das bei dem Huskyrudel nur bei dem Leittier zu tun. In diesem konkreten Fall ist die Hündin Indy das Leittier. Wenn sie die von uns gewünschte Richtung einschlägt, folgt der Rest des Rudels automatisch. Natürlich bekommen alle mit, dass Indy unseren Anweisungen folgt, dass wir uns, falls erforderlich, bei ihr durchsetzen und sie in die Richtung geht, die wir wünschen. Dieses Durchsetzen verschafft uns den erforderlichen Respekt des Hunderudels. Dennoch sind wir weiterhin gemeinsam nur eine Meute und Gast in dem Hunderudel.

Dieses Kapitel ist ein Auszug aus dem Buch „50 Mythen und Weisheiten aus der Hundeszene".

„Kann man so vielen Hunden überhaupt gerecht werden?"

Eine beliebte und nachvollziehbare Frage von Besuchern des Huskyrudels. Meistens sind es Hundehalter, die diese Frage stellen und um den Aufwand eines Hundes wissen. Die Antwort auf diese Frage ist ganz eindeutig: Ja, das kann man sehr wohl.

Lisa ist mit all ihren Huskys bestens vertraut, und oft genügt ein kurzer Blick, um zu erkennen, ob es ihnen gut geht oder ob sie Unterstützung benötigen. Auch außerhalb der Zughunde-Saison ist sie täglich bei ihren geliebten Vierbeinern präsent. Ihre Sorge um sie geht weit über das bloße Füttern hinaus; sie pflegt einen engen Kontakt und beschäftigt sich liebevoll mit ihnen.

Überdies haben wir auf einfache und natürliche Weise begonnen, Verhaltensforschung an dem Husky-Rudel zu betreiben. Dies hat zu erstaunlichen Ergebnissen geführt und manche Mythen und Dogmen der Hundeszene als vollkommen unbegründet entlarvt. Unsere Erfahrungen haben sogar bei Teilnehmern des Angebots „Ein Blick ins Rudel" für spannende Überraschungsmomente gesorgt. Es ist erstaunlich zu sehen, wie viel man über das Verhalten und die Bedürfnisse der Hunde lernen kann, wenn man sie aufmerksam beobachtet und ihre Individualität respektiert. Unsere Huskys sind einzigartige Wesen, und wir schätzen jede Möglichkeit, mehr über sie zu erfahren und ihre Bedürfnisse besser zu verstehen.

Wir haben von den Hunden so viel mehr gelernt als sie von uns. Sie haben uns so viel mehr gegeben als wir ihnen. In einer Welt, die immer schneller wird und die sich immer rasanter dreht, entschleunigen sie uns und die Besucher. Es kehrt eine relative Langsamkeit in das Leben ein. Für die Zeit des Besuches werden plötzlich viele Dinge unwichtig, sie erscheinen weit weg. Egal, ob man schlechte Laune hat oder das Wetter mal wieder mies ist: Mit der Art, wie die Huskys zusammenhalten und füreinander einstehen, bringen sie einen immer wieder auf andere Gedanken und lassen die Sorgen des Alltags für den Moment verblassen.

Die Huskys zeigen uns deutlich, wie wichtig Vertrauen ist. Sei es, dass sie uns Vertrauen beim Besuch eines Tierarztes entgegenbringen oder wenn Besucher die Gehege betreten. Oder sei es, dass wir ihnen vertrauen müssen, wenn sie vor uns im Gespann laufen und uns Autos entgegenkommen, Hauptstraßen überquert werden müssen oder Katzen unseren Weg kreuzen. Und wenn du denkst, noch mehr Vertrauen ginge nicht, dann zeigen sie dir, dass noch mehr geht und Vertrauen keine Einbahnstraße ist.

Das Rudel zeigt uns eindrucksvoll, was es bedeutet, ein Team zu sein und im Rudel zu leben: Ein Gespann ist nur so schnell wie das langsamste Tier. Ein Rudel ist nur so gut im Überleben wie das beste Tier. Auf längeren Ausfahrten kann man in unserem Gespann beobachten, dass der eine oder andere der stärksten Hunde sich nicht voll reinhängt beim Ziehen. Am deutlichsten wird dies bei Django sichtbar. Wenn dann aber eine Steigung kommt oder andere aus dem Rudel sich erschöpft eine kleine Pause gönnen und nur mitlaufen, ohne viel zu ziehen, dann ist Django zur Stelle. Er hängt sich genau dann voll rein und zieht für die anderen mit. Das ist wahrer Teamgeist. Das ist Mitdenken und Agieren zum Wohle aller. So wie auch Ayana zurücksteckte, als sie merkte, dass Magic ihr überlegen war: Ayana ist eine vierjährige Hündin aus Schweden. Früher in Schweden hatte sie ihren Platz ganz vorn im Gespann, sie lief als Leaddog. Selbstbewusstsein, um diese Position auszufüllen, hatte sie reichlich, es fehlte ihr schlicht an Sprach- und Ortskenntnis in dieser neuen Umgebung. Alle Kommandos beherrschte sie bis dahin nur auf Schwedisch, größere Fahr zeuge als Pkw kannte sie gar nicht, ebenso das Laufen auf anderem Untergrund als Sandboden oder Schnee.

Bei ihrem ersten Einsatz lief Ayana als Swinger hinter den Führenden. Wir wollten sie erst einmal kennenlernen. Schon bei dieser Gelegenheit wurde deutlich, dass Ayana von den vielen äußeren Reizen beeindruckt war, die sie noch nie erlebt hatte. Hunde mit Menschen am Straßenrand, fahrende Traktoren auf Bauernhöfen, Busse oder Lieferwagen, die sich nähern oder vorbeifahren: All das war völlig neu für sie. In den Weiten Lapplands war sie bisher nur Rentieren oder Skidoos begegnet. Auf der zweiten Reise mit dem Team setzten wir sie neben Magic ins Lead. In Schweden hatte sie diese Position mehrere Jahre lang gut ausgefüllt. Hier hatte sie nun eine vertraute Aufgabe, aber alles um sie herum war neu. Wir fuhren los. Ayana schien sichtlich verwirrt zu sein. Vor allem die Kommandos sorgten bei ihr für Verwirrung. Die zweijährige Magic lief neben ihr, sie kannte alle Kommandos und hatte bereits einige Erfahrungen als Ersatzleithund gesammelt, aber sie hatte noch nicht das nötige Selbstvertrauen, um diese Rolle auszufüllen. Es fehlte ihr noch ein wenig an Routine. Und Ayana merkte schnell, dass Magic alle Kommandos verstand und richtig ausführte. Daraufhin orientierte sich die selbstbewusste Ayana, die es als ihre Pflicht empfand, das Team zu führen, an Magic und folgte ihr. Nicht nur in Bezug auf die Richtungen, sondern auch in Bezug auf alle neuen Umwelteindrücke. Gleichzeitig gab Ayana Magic die nötige Sicherheit, um über sich hinauszuwachsen, ihre Talente weiterzuentwickeln und das Team zu führen. Ein wunderbares Beispiel dafür, wie Hunde ihre Fähigkeiten zum Wohle aller einsetzen, mit anderen Worten: Teamwork in Perfektion.

Das Verhältnis zwischen Lisa und ihren Huskys ist dermaßen innig und tief ineinander verwoben, dass die Hunde stets genau wissen, was Lisa auf dem Grundstück gerade so macht. So nehmen sie etwa sofort wahr, wenn Lisa mit dem Auto wegfährt. Dies wird mit einem Verabschiedungsheulen kommentiert. Und sie merken ganz genau, wenn Lisa wieder zurückkommt. Dann ertönt ein Begrüßungsheulen. Bei jedem anderen, der hier vom Hof fährt, bleiben die Hunde still – selbst wenn er Lisas Auto benutzt. Selbstverständlich kennen sie die Art und Weise, wie Lisa geht und natürlich die Geräusche der Autotüren beim Schließen und Öffnen. Ich vermute, dass sie eines Tages durch ihre kognitiven Fähigkeiten herausgefunden haben, dass nur, wenn Lisas Schritte ertönen und sich kurz darauf eine Fahrzeugtür schließt, Lisa gleich wegfährt. Beim Wiederkommen eines anderen muss es eine Art Ausschlussverfahren sein. Sie hören das Auto, sie hören die Tür, die sich öffnet und wieder schließt, aber sie wissen, dass Lisa zu Hause ist und daher ein anderer aus dem Auto steigt.

Ebenso ist es mit dem Duschen. Wenn jemand hier duscht, sind die Huskys still. Steht aber Lisa unter der Brause, ertönt fast immer ein gemeinsames Huskygeheule. Warum sie ausgerechnet dann heulen, kann ich nicht sagen. Das ist für mich noch nicht eindeutig geklärt. Ich nehme an, dass die Huskys schlicht und ergreifend herausgefunden haben, dass es länger dauert als sonst, bis Lisa von ihnen Ruhe einfordert. Denn grundsätzlich wissen sie, dass sie sich ruhig zu verhalten haben und nicht heulen dürfen. Und dies wird im Alltag weitestgehend eingehalten - vorwiegend dann, wenn sie wissen, dass Lisa anwesend ist. Ich bin mir bislang nicht ganz sicher, warum die Huskys so genau wissen, dass Lisa duscht und nicht ein anderer. Ich kann es mir nur so erklären, dass sie heraushören, wenn das Duschwasser aufgrund der Bewegungen der Person unter der Dusche unterschiedlich in das Duschbecken prasselt, ob es sich um Lisa handelt oder eben nicht. Es reicht ja, wenn einer der Huskys dies gelernt hat, denn wie sehr Hunde sich Verhalten voneinander abschauen, ist hinlänglich bekannt.

Die Huskys wissen genau, wann Lisa morgens aufsteht. Vermutlich nehmen sie mit ihrem wunderbaren Gehör selbst draußen im Gehege den eigentlich sehr leisen Wecker auf dem Smartphone wahr. Ertönt dann dieser Weckruf, wird dieser kurz darauf von den Hunden im Gehege regelrecht übertönt mit einem Guten-Morgen-Begrüßungsheulen. Das liegt tatsächlich nicht an der Uhrzeit, denn Lisa steht morgens zwischen 6 und 7:45 Uhr auf.

Hier ein paar wichtige Fakten über das Husky-Gehege. Alle Daten sind vom Sommer 2023: Es umfasst eine Fläche von 2000 Quadratmetern, mit einem Auslauf von 5500 Quadratmetern und einem Teich von 300 Quadratmetern. Für die einzelnen Gehege werden etwa 70 Bauzaunelemente aufgestellt. Die durchschnittliche Gehegegröße liegt bei 100 Quadratmetern. Pro Monat werden 500 kg Futter verbraucht.

Es gibt jeden Tag im Jahr etwas zu tun. Ich meine damit nicht nur die täglichen Aufgaben, sondern bei so vielen Hunden ist es ganz normal, dass einer ein kleines Wehwehchen, Unwohlsein oder Hinken hat. All das muss beobachtet und wenn nötig behandelt werden. Zum Glück sind ernsthafte Krankheiten oder unglückliche Verletzungen selten. Bei 20 Hunden ist es dennoch wahrscheinlicher, dass sich einer verletzt als bei nur einem Hund. Wenn ein einzelner Hund das Pech hat, in seinem ganzen Leben eine schwere Verletzung zu erleiden, passiert das mit hoher Wahrscheinlichkeit nur einmal, wenn überhaupt. Bei 20 Hunden kommt es jedoch im Durchschnitt zu einer schweren Verletzung pro Jahr. Lisa wendet nur für die Gesundung der Huskys jedes Jahr einen mittleren vierstelligen Betrag auf. Und im Laufe der Jahre summieren sich die Kosten für die Behandlung schwerer Verletzungen und Krankheiten.

Es geht nicht nur um das Geld, sondern auch um die Nerven und Gefühle, die mit der Verantwortung einhergehen. Es ist, als wäre man eine Mutter, die sich um die Sicherheit und das Wohl ihrer Kinder sorgt. Lisa geht es mit ihren Huskys genauso. Sie macht sich ständig Sorgen um deren Gesundheit und Zukunft. Sie muss häufig Änderungen, Reparaturen oder Erneuerungen an ihrem Gehege vornehmen. Jeder Hund benötigt eine richtige Hundehütte. Eine gute gebrauchte Hütte kostet etwa 200 € pro Hund. Bei mehr als zwanzig Hunden sind das 5.000 €. Außerdem ist es sehr zeitaufwendig und mühsam, diese gebrauchten Hundehütten zu finden und zu besorgen.

Sie muss sich jeden Tag um das Gehege und die Hunde kümmern, egal ob im Winter oder im Sommer. Wenn sie das vernachlässigt, kann das zu Überwucherung und anderen Problemen führen. Um das Gehege und die Hunde zu pflegen, braucht sie eine umfangreiche technische Ausrüstung, die ebenfalls gewartet, gepflegt und instandgehalten werden muss. All das erfordert Zeit und Hingabe und Ressourcen.

Zudem ändern sich die Gegebenheiten im Rudel immer wieder. Durch Läufigkeit, Trächtigkeit oder dadurch, dass Huskys in Not aufgenommen werden. Solche Aufnahmen führen dazu, dass man manchmal einen ganzen Tag nur im Auto sitzt und fährt, um einem in Not geratenen Husky zu helfen. Dennoch ist dann eben ein ganzer Tag weg und natürlich wieder Geld für Spritkosten und so weiter.

Diese Veränderungen bedeuten auch immer Veränderungen im Gehege. Es muss wieder etwas umgebaut werden, was natürlich abermals Zeit in Anspruch nimmt. Und meistens noch Material. Womit wir beim Thema Geld sind. All das will finanziert werden und verschlingt Arbeitszeit. Ich übertreibe nicht, wenn ich schreibe, dass die Versorgung und Pflege der Huskys mit allen Drum und Dran mehr Zeit verschlingen, als eine Vollzeitstelle. Es ist nicht nur die Zeit von Lisa, sondern es ist ebenso die Zeit von mir, wenn Lisa Unterstützung benötigt. Sei es durch fahren, etwas abholen, einen Hund in ein neues zu Hause bringen oder Reparaturen jeglicher Art oder Pflegemaßnahmen im Gehege. Und natürlich verschlingen so viele Hunde auch große Mengen an Futter. Das Futter wird nicht Karton- oder Sackweise gekauft, sondern es wird von einer Spedition auf Paletten geliefert. Und an den Tagen, an denen das Futter geliefert wird, heißt es dann: tragen, tragen, tragen. Und verstauen, stapeln und lagern. Als positiv denkender Mensch sage ich mir dazu: Es erspart mir das Fitnessstudio. Als negativ denkender Mensch könnte ich dazu sagen: statt Futtersäcke zu stapeln, könnte ich nun auch gut mit meinen Hunden einen schönen Ausflug machen.

Unsere Beobachtungen an den Hunden bei Gewitter

Eine Sturmfront war im Anmarsch. Hier in Norddeutschland kann man sie aufgrund der flachen Landschaft viele, viele Kilometer weit kommen sehen. Auf einer Breite von mehreren Kilometern zogen dunkelgraue bis schwarze Wolken in einer Linie auf uns zu. Langsam aber stetig bewegte sich diese Sturmfront in unsere Richtung. Wir konnten sie sehen, aber wir konnten sie noch nicht hören. Aber unsere Hunde konnten es. Obwohl das Wetter für uns noch perfekt war - die Sonne schien, eine leichte Brise wehte und die Temperaturen waren angenehm - spürten die Hunde bereits die Gewitterfront. Sie konnten den Donner hören und die elektromagnetischen Veränderungen in der Luft, die durch die Blitze verursacht wurden, an ihren Schnurrhaaren spüren. Obwohl wir es an ihrem Verhalten nicht sehen konnten, erkannten wir, dass sie das herannahende Gewitter bemerkten, weil sie ihre Ohren spitzten und ihre Köpfe in Richtung der Gewitterfront drehten.

Die Sturmfront näherte sich unaufhaltsam und der Wind wurde immer stärker. Die Wolken wurden riesig und kamen bedrohlich nahe. Dann, als ob jemand einen Schalter umgelegt hätte, trafen uns die ersten Windböen. Die Bäume, die größtenteils noch voller Blätter waren, begannen sich im starken Wind hin und her zu wiegen. Es regnete noch nicht, aber es war nur eine Frage von Minuten. Und dann schlugen die ersten Blitze ein. Mehrere

Kilometer entfernt am Himmel sichtbar, entluden sie sich in der Luft, begleitet von einem Donner, den niemand ignorieren konnte.

Fast alle Hunde saßen in ihren Hütten und schauten heraus. Manche saßen auf den Hütten, neugierig, was da wohl gleich kommen möge. Sie alle hatten eines gemeinsam: Sie interessierten sich für dieses meteorologische Spektakel, diese Mischung aus Bedrohung, Lärm und sich entladender Luft. Es schien, als ob sie von diesem Wetter fasziniert waren. Der Sturm war da und man konnte sehen, wie die Regenfront wie eine Welle auf uns zumarschierte.

Nur noch wenige Minuten, und der Himmel brach über uns zusammen. Die drohende Sturmfront ließ die Huskys im Gehege unverändert blicken. Es schien, als ob sie die gewaltige Kraft der Natur erahnen könnten. Doch trotz der bevorstehenden Wassermassen und des tobenden Sturms blieben sie scheinbar unbeeindruckt. Als erfahrene Naturkönige schienen sie bereits solche Wetterkapriolen erlebt zu haben. Dennoch schien eine Art Faszination von diesem Spektakel auszugehen, ähnlich wie bei Menschen, die von gewaltigen Sturmfronten beeindruckt sind.

Die Bäume um unseren Hof wurden von den heftigen Windböen wie Spielzeuge hin und her geworfen. Blätter und Äste flogen durch die Luft. Dann brach der Regen über uns herein - ein wahrhaft gewaltiger Schauer, der alles in eine undurchdringliche Wand aus Wasser tauchte. Die Sicht wurde auf weniger als hundert Meter reduziert, doch den Huskys schien das nichts auszumachen. Die meisten von ihnen blieben gelassen auf ihren Hütten oder draußen sitzen, als ob sie die Naturgewalten in ihrer ganzen Kraft genießen würden. Nur zwei von ihnen hatten sich in die Hütten zurückgezogen, um dem Regen zu entgehen.

Doch dann durchbrach ein blitzschneller Blitz die finstere Wolkenwand, nicht weit von uns entfernt. Der donnernde Donner folgte laut und grollend. Für Lina und Trude war dies das Zeichen zum Handeln - die Energie des Sturms nahmen sie in sich auf und ließen sie heraus. Ohne Rücksicht auf den heftigen Regen und Sturm tobten sie im Gehege herum und initiierten ein wildes Jagdspiel. Die Natur schien sie zu beflügeln, und sie ließen sich von der Energie des Gewitters mitreißen. Selbst Magic, die zuerst zögerlich blieb und lieber dem Naturwunder zusah, konnte schließlich nicht widerstehen und schloss sich dem wilden Treiben an. Inmitten dieses spektakulären Naturschauspiels erfüllten die Huskys die Luft mit ihrer eigenen Energie, die sich in ihrem aufregenden Spiel entlud.

Der Sturm hatte uns voll im Griff. In regelmäßigen Abständen zuckten Blitze durch die Dunkelheit und erhellten die Umgebung mit grellem Licht. Die Donnerschläge waren laut und unheilvoll. In der wütenden Naturgewalt brachen Äste von den Bäumen und krachten zu Boden. Doch dann geschah etwas noch Dramatischeres: Eine alte, belaubte Pappel konnte dem Sturm nicht standhalten. Der aufgeweichte Boden ließ ihr keine Chance, und sie stürzte mit einem lauten Knirschen in voller Länge auf die Pferdeweide. Glücklicherweise fiel sie nicht in das Gehege der Huskys, denn das hätte zu einer Katastrophe führen können. Niemand kam zu Schaden, und die Natur sorgte gleichzeitig für uns: Wir hatten genügend Brennholz für die kommende Wintersaison.

Die Huskys verhielten sich währenddessen furchtlos. Fast alle waren immer noch draußen, unbeeindruckt vom tosenden Sturm. Einige von ihnen tobten und spielten, als ob der Sturm eine aufregende Abwechslung für sie wäre. Andere hielten neugierig Ausschau und beobachteten, wie die Natur um sie herum tobte.

Selbst die grellen Blitze, das laute Donnern und der heftige Regen schienen sie nicht zu beeindrucken. Sie waren unerschrockene Naturgeister, die den Elementen standhielten und die Abkühlung des Regens sichtlich genossen, während sie scheinbar unbeeindruckt von den widrigen Bedingungen blieben.

Der ganze Sturm peitschte mit unbändiger Kraft über das Land. Das Rudel, unbeeindruckt von den Naturgewalten, beobachtete stoisch das Wetterphänomen. Alle, bis auf zwei Huskys, deren Reaktionen jedoch gegensätzlicher nicht sein konnten.

Inmitten des wütenden Regens hielt sich Edge nicht länger draußen auf. Die Wassermassen waren ihm zu viel, und so flüchtete er in seine schützende Hütte, um dem Sturm und der mit einhergehenden Nässe zu entkommen. Auch Django entschied sich nach einer Weile für denselben Rückzug, und gemeinsam suchten sie Schutz vor den Elementen.

Bei Indy war es anders. Schon als sich das Unwetter am Horizont ankündigte, spürte sie die Bedrohung und hastete in eine der Hütten. Doch ihre Aufregung war unübersehbar – ihr zitternder Körper und das hastige Hecheln verrieten ihre innere Unruhe. Indy schien von Angst getrieben zu sein, die sie immer wieder heimsuchte, wenn sich ein Gewitter entlud.

Was sie in Verbindung mit den grellen Blitzen und dumpfen Donnern erlebt hatte, blieb ein Rätsel. Seit ihrem Einzug zeigte sie dieses ängstliche Verhalten bei jedem Gewitter, als ob sie eine unsichtbare Bedrohung spürte, die sie in die hintersten Ecken ihrer Hütte trieb. Der Regen prasselte weiterhin auf die Erde, der Wind heulte um die Hütten, und der Himmel erleuchtete sich erneut in einem blendenden Blitz. In diesem Moment spürte das Rudel eine zutiefst bedrückende Aura der Angst, die von Indy ausging. Sie kämpfte mit ihren inneren Dämonen, die in der Finsternis ihrer Vergangenheit lauerten.

Wie schon erwähnt: Indy ist die Leithündin des Rudels. Sie ist diejenige, die das Rudel zusammenhält und wichtige Entscheidungen trifft. Interessanterweise beeinflusste ihr Verhalten die anderen Rudelmitglieder nicht negativ und minderte keineswegs ihre Autorität. Trotz ihrer Ängste hatte keiner der Huskys Zweifel an Indys Fähigkeit, das Rudel zu führen. Dies verdeutlicht, dass die soziale Komplexität in einem Rudel vielschichtiger ist, als viele Hundehalter es vermuten.

In diesem Zusammenhang möchte ich kurz betonen, dass die Beziehung zwischen einem Hundehalter und seinem Hund keine Rudelstruktur ist, sondern eher einer Meute gleicht. Daher lassen sich viele Aspekte, die für ein Rudel gelten, nicht eins zu eins auf die Beziehung zwischen Mensch und Hund übertragen. Warum genau das so ist, habe ich ausführlich in meinem Buch „50 Mythen und Weisheiten aus der Hundeszene" in einem ganzen Kapitel erläutert.

Das Verhalten der anderen Huskys zeigte deutlich, dass Angst vor Gewitter nicht von Natur aus bei Hunden existiert. Es bedarf immer eines äußeren Faktors, um bei Hunden die Angst, Furcht oder Panik vor Gewittern auszulösen.

Übrigens liegt der untere Teil der umgestürzten Pappel noch heute in einem der Gehege. Als wir das Gehege später erweiterten, entschieden wir uns, die Pappel einfach liegenzulassen und drumherum zu bauen. Dadurch können die Hunde die Pappel nun als natürliches Spielgerät nutzen, was ihnen viel Freude bereitet.

Ein Ausflugserlebnis, das sich keiner wünscht

Mit Lisa an der Spitze, gezogen von einem Gespann aus sechs Hunden, folgte ich ihr auf meinem Fahrrad durch das nahe gelegene Naturschutzgebiet rund um den Stinstedter See. Lina und Trude zogen mich auf meinem Mountainbike. Meine beiden Hunde Elin und Brenda liefen mit. Unser Tempo war zügig, aber unser Ziel war keine wilde Fahrt, sondern eine entspannte 10 km lange Strecke. Wir hielten einen Abstand von 100 bis 300 Metern hinter Lisa und ihrer Hundemeute.

Nach ungefähr vier Kilometern passierte es: Trude wurde langsamer und musste dringend ihr Geschäft erledigen. Obwohl im Gespann nicht angehalten wurde, entschied ich mich auf dem Fahrrad dazu, anzuhalten. Trude konnte es zwar im Laufen erledigen, aber ich sah das lieber anders. Also machte sie ihren Rücken krumm, um den Kot hinten herauszudrücken. Schnell fielen zwei große und ein kleinerer Köttel zu Boden. Danach erhob sie ihren Hintern und wollte weiterlaufen, doch dabei drängelte sie sich seitlich gegen Lina. In ihrem Drängeln steckte sie ihren Kopf zwischen Linas Flanke und Geschirr. Lina war so überrascht von dieser Aktion, dass sie sich einmal um die eigene Achse drehte. Dadurch entstand eine Schlinge, die sich um den Hals von Trude zog. Aber das war noch nicht alles - Lina schmiss sich zu Boden und drehte sich dabei abermals, sodass am Ende die Schlinge sich zu einem perfekten Knoten um ihren Hals verformte. Trude japste nach Luft.

Ich versuchte den Knoten zu lösen, aber er war zu eng, es gelang mir nicht. Ich wollte Lina aus dem Geschirr holen, um den Knoten zu lösen, doch das Geschirr war so verdreht, es lag dermaßen eng an Lina an, dass ich ihr es nicht ausziehen konnte. Ein Messer wäre in der Situation sehr nützlich gewesen, doch war das keine Option, da ich keines dabeihatte. Trude japste weiter nach Luft. Ich versuchte noch mehr oder weniger Lina im Geschirr zurückzudrehen, doch auch das gelang mir nicht, da Lina dabei zu sehr strampelte. Hilflosigkeit machte sich in mir breit. Ich hatte beide Hunde mittlerweile so weit vom Fahrrad gelöst, dass sie nur noch über eine Leine damit verbunden waren. Kurz überlegte ich, was ich nun tun könnte. Ich schaute auf Trude und sah, wie sie ihre Augen verdrehte und sie dann weit aufriss. Dann sackte sie in sich zusammen, ihre Zunge hing schlaff heraus.

Jetzt griff ich zu Lina, nahm ihre Vorderpfoten und zog sie so weit nach oben und in Richtung ihres Brustkorbes, bis ich merkte, dass es ihr weh tat. Gleichzeitig verengte sich dabei das Geschirr so sehr, dass auch sie jetzt für einen Moment keine Luft bekam. Kurz gesagt: Ich brachte sie für einen Augenblick an die Grenze zwischen starkem Schmerz und Bewusstlosigkeit. Und dann war das erste Beinchen von Lina aus dem Geschirr heraus. Ich machte das Gleiche mit dem zweiten Bein. Hier war es schon etwas einfacher, weil das Geschirr inzwischen etwas mehr Luft hatte. Und dann zog ich es ihr rasend schnell aus. Trude fiel mit dem Geschirr um ihren Hals um.

Ich entknotete das Geschirr, sodass es sich von ihrem Hals löste. Die Augen waren weit aufgerissen, keine Atmung war zu sehen. Ich nahm den Kopf und pustete ihr kräftig in die Nase, aber es gab keine Veränderung. Sie atmete weiterhin nicht. Ich holte tief Luft, und drückte mit all meiner Lungenkraft meine Luft durch ihre Nase in ihre Lunge. Und sofort war wieder Leben in ihr. Sie atmete! Sie hustete einmal kurz und kräftig, als wenn sie Schleim im Hals hatte. Dann stand sie wieder auf und hustete nochmals. Nach einem kurzen Moment schüttelte sie sich einmal und hustete nochmals. Anschließend sah sie mich an, mit ihrem typisch fröhlichen Gesicht, so nach dem Motto: Geht es jetzt weiter?

Ich zog Lina ihr Geschirr an und spannte beide Hunde wieder vor das Rad. Zunächst überlegte ich, ob ich das Fahrrad auf dem Rückweg schieben sollte, nachdem wir gerade eine turbulente Erfahrung hinter uns hatten. Meine Arme fühlten sich taub an, und meine Finger zitterten leicht. In meinem Magen war ein flaues Gefühl, und ich musste meinen Drang, ihn zu entleeren, kräftig unterdrücken. Aber das Rad zu schieben, war für Trude und Lina keine Option. Sie waren sofort wieder in ihrem Element. Sie wollten ziehen! Ich ließ sie also gewähren, und so zogen die beiden mich den ganzen Weg wieder zurück.

Das sind solche Erlebnisse, die unterwegs passieren können, die aber keiner braucht.
Am nächsten Tag waren Lina und Trude noch immer die alten. Es hatte den Anschein, als wenn die Ereignisse des Vortages niemals stattgefunden hätten. Dass die beiden dieses Erlebnis so einfach wegstecken konnten, hat sicherlich viel mit ihrem guten Trainingszustand und der damit verbundenen guten körperlichen Verfassung zu tun. Denn bei Trude war es das hohe Leistungsvermögen ihrer Lunge, das dafür sorgte, dass in ihren Lungen genug Sauerstoff für die Zeit des Atemstillstandes war. Und Linas intensives Training verhinderte, dass sie Zerrungen bei den starken Dehnungen erlitt, die ich ihr zufügte.

Und wieder Trude

Lisa und ihr Huskygespann begaben sich auf einen Ausflug in heimischen, norddeutschen Gefilden. Trude, ein temperamentvoller Alaskan Husky, verspürte plötzlich das dringende Bedürfnis, ihr Geschäft zu erledigen – und das mitten während der Fahrt! Lisa reagierte schnell und bremste das Gespann abrupt ab. Doch der Boden war matschig und der Wagen konnte nicht so schnell zum Stehen kommen. Mit blockierenden Reifen rutschte der Wagen über den matschigen Untergrund, und leider auch über Trude hinweg!

Trude fand sich plötzlich unter dem Wagen wieder, während dieser weiterrutschte. Als der Wagen endlich zum Stehen kam, handelte Lisa blitzschnell und zog Trude an den Beinen unter dem Wagen hervor. Voller Sorge, dass Trude sich die Knochen gebrochen haben könnte. Doch Trude schüttelte sich kräftig, nur um den Schreck abzuschütteln. Sie ist mit dem Schrecken davongekommen. Die Huskys liefen fröhlich weiter, als wäre nichts geschehen. Es schien, als hätte dieses Erlebnis nie stattgefunden. Lisa lenkte das Gespann weiter durch die norddeutsche Landschaft. Als die Sonne langsam unterging, kehrten Lisa und ihre Huskys erschöpft, aber voller Zufriedenheit, zurück zum Ausgangspunkt ihrer Reise. Diese unvergessliche Fahrt würde in die Geschichte des Rudels eingehen und Trude als tragisch-komische Husky-Heldin hervorheben, die sie war. Und obwohl der Tag mit einer aufregenden Vollbremsung begann, wurde er zu einem tollen Tag für Lisa und ihre Huskys.

Der Kopf des Rehs im Gehege

Was passiert, wenn wir einen Rehkopf in das Gehege werfen? Lieber Leser, was denkst du, was dann passieren wird? Du kannst dir mal den Spaß machen und dir dies im Vorfeld überlegen, bevor du weiterliest. Und was denkst du, wer zuerst frisst?

Während sie nachts meist kleinere Gruppen von drei bis vier Hunden bilden, laufen sie tagsüber oft zusammen. Das bedeutet, dass alle Gehegetüren offen sind und jeder überall hingehen kann. Nur am Abend, zur Fütterungszeit, werden sie bis zum nächsten Morgen getrennt. Was passiert also, wenn wir einen Rehkopf von draußen ins Gehege werfen und zehn Huskys das bemerken und die Möglichkeit haben, ihn zu schnappen? Das Rudel wird roh gefüttert. Im Sommer bekommen sie Fleisch, und im Winter kommt Fisch als zusätzliche Energiequelle hinzu, manchmal in Kombination mit energiereichem Trockenfutter. Wir füttern die Hunde nicht mit einer BARF-Diät, sondern einfach roh. Den Unterschied zwischen diesen beiden Fütterungsarten habe ich in dem Buch „50 Mythen und Weisheiten aus der Hundeszene" erklärt.

Da Lisa gute Kontakte zum örtlichen Jagdverein hat, bekommt sie immer wieder die Schlachtabfälle, damit sie diese an die Hunde verfüttern kann. Zu der Tradition der Jagd gehört es, ein erlegtes Tier komplett zu verwerten. Und da ist es jedem Jäger, der sich dieser Tradition verpflichtet fühlt, lieber, dass die Hunde die Schlachtabfälle fressen, als dass er sie vergraben muss. Zu diesen Abfällen gehört unter anderem auch der Kopf eines Rehs. Und einen solchen hatten wir an einem bewölkten Nachmittag von außen über den Zaun in das Gehege geworfen. Alle Hunde waren sofort aufmerksam. Aufgeregt rannten sie los. Und diejenigen, die mitbekommen hatten, wo dieser Kopf landete, liefen zielgerichtet genau dorthin. Alle anderen versuchten herauszufinden, wohin wir ihn wohl geworfen hatten. Denn sie hatten nur das Geräusch des Aufpralls gehört, konnten aber so schnell nicht orten, wo genau das war. Doch nach ungefähr 15 Sekunden wussten alle Rudelmitglieder, wo dieser Kopf lag.

Die heranwachsenden Welpen näherten sich vorsichtig. Sie waren mit Rehköpfen vertraut, und dies war nicht der Erste, der vom Himmel fiel. Trotzdem zeigten sie Respekt vor den Älteren und ließen sie zuerst gehen. Noch hatte keiner von ihnen den Rehkopf für sich beansprucht, aber die ersten Konflikte zwischen den Rudelmitgliedern um den Kopf hatten schon begonnen. Es war nichts Ernstes und es gab keine Verletzungen oder blauen Flecken, aber es war klar, dass die Dinge immer heftiger wurden. Und es waren nicht immer die Jüngeren, die sich zurückhielten. Doch dann versuchte einer der jüngeren Hunde, sechs Monate alt, den Rehkopf für sich zu ergattern. Mit einem schnellen Sprint von zwei Metern versuchte er, ihn zu fangen und für sich zu beanspruchen.

Er war bis dahin derjenige, von dem wir annahmen, dass er anscheinend den größten Hunger hatte. Es war der junge Rüde Ablaz. Er hatte sich am deutlichsten und intensivsten Zugang zu diesem Rehkopf verschafft. Aber kaum hatte er ihn im Maul, war auch schon Django da. Django hat immer Hunger. Nein, genauer gesagt muss es heißen: Django hat immer großen Hunger! Und so reichte sein dunkles Knurren, dass Ablaz den Rehkopf entsetzt losließ und zur Seite sprang. Ruhig und bedächtig nahm Django seine Beute und ging in Richtung einer nahegelegenen Hütte. Alle

Rudelmitglieder, die ihm dabei im Weg standen, gingen augenblicklich zur Seite und drehten sich weg. Sie zollten ihm Respekt. In der Hütte nagte Django in aller Ruhe an diesem Kopf. Diese Begebenheit zeigt, dass es mitnichten so ist, dass immer der Ranghöchste in einem Rudel zuerst frisst, sondern derjenige, dem es am wichtigsten ist zu fressen.

Zwei Wochen später haben wir diese Aktion wiederholt. Wieder warfen wir einen Rehkopf in das Gehege. Nur mit dem Unterschied, dass das Rudel etwa 10 Minuten zuvor gefüttert wurde. Alle hatten ihre tägliche Mahlzeit bekommen und gefressen. Und genau an diesem Tag hatte Django eine zusätzliche Extraportion bekommen. Er war also satt. Wieder bot sich das gleiche Schauspiel wie zwei Wochen zuvor. Das Rudel orientierte sich daran, wohin der Rehkopf gefallen war. Alle näherten sich zunächst vorsichtig. Es kam schnell wieder zu Rangeleien unter den Rudelmitgliedern, wieder ohne Blessuren oder Verletzungen. Nur Django blieb in seiner Hütte. Er war satt und müde. Deswegen war ihm dieser Rehkopf nicht wichtig.

Wer bekam ihn diesmal? Es war Magic, die vom Alter her im Mittelfeld rangiert. Sie hatte offensichtlich den größten Hunger, denn sie setzte sich deutlich durch, auch gegen den Altrüden. Und so gelang es ihr, aufgrund ihres Durchsetzungsvermögens, den Rehkopf zu ergattern, um an ihm zu nagen. Sie ging dafür nicht in eine Hütte, so wie Django es in der Regel tat, sondern sie blieb direkt beim Rehkopf und begann ihn zu zerpflücken. Sporadisch versuchte einer der Jüngeren, etwas davon zu stibitzen. Doch sobald sich einer näher als einen dreiviertel Meter näherte, blickte sie ihn an, ohne vom Rehkopf abzulassen und gab dabei ein dunkles Knurren von sich. Dies reichte, dass der Hund, der sich näherte, wieder einen respektvollen Abstand einnahm. Nach ungefähr 15

Minuten hatte Magic genügend gefressen und ließ von dem Kopf ab. Wieder kam es zu Rangeleien unter den Hunden, wer denn nun diesen Rehkopf weiter abnagen dürfte. Und wieder war es das Rudelmitglied, das am deutlichsten und klarsten zu erkennen gab, dass ihm dieser Rehkopf wichtig war, dass es den größten Hunger hatte: Lina! Eine junge Hündin im Alter von sechs Monaten.

Lieber Leser, an dieser Beschreibung kannst du erkennen, dass nicht unbedingt der Rudelchef zuerst frisst, wie es gerne als Weisheit in der Hundeszene herumgeistert. Es frisst derjenige zuerst, der am deutlichsten den anderen klarmacht, dass er den größten Hunger hat.

Wer geht zuerst durch eine Tür?

Dieses Dogma kursiert schon seit vielen Jahren in der Hundeszene: Der Chef, das Leittier, der Rudelführer, das Alphatier oder wie auch immer wir das jetzt nennen mögen, geht zuerst durch eine Tür! Wir wollten wissen, ob das stimmt und machten einen Test:

Das Gehege, in dem das Rudel lebt, kann bei Bedarf in mehrere „kleine Abteile" unterteilt werden. In der Regel sind die Türen der einzelnen Abteile immer offen, so kann jeder Husky hingehen, wo er will. Zu Beginn dieses Experiments haben wir alle Huskys zusammen in einem Abteil untergebracht und die Türen verschlossen. Dann kam der große Moment: Wir öffneten die Tür des Abteils, in dem die Huskys untergebracht waren, damit sie das nächste Abteil betreten konnten. Also machten wir es wie geplant. Und wer war der Erste, der durch die Tür ging? Es war einer der Welpen, die zum Zeitpunkt des Experiments etwa fünf Monate alt waren: Freya. Dann schlossen wir die Tür hinter dem letzten Hund, so dass das Rudel wieder zusammen in einem Abteil war, und öffneten die Tür zum nächsten Abteil. Diesmal war Edge der erste, der durch die Tür ging.

Wir wiederholten den Vorgang erneut. Und wieder war es ein Welpe, Lina, der zuerst in das neue Abteil ging. Beim nächsten Mal war es der junge Hund Magic, der als Erster durch die Tür ging. Und so ging es mehrere Male weiter. Jedes Mal, wenn wir einen Test durchführten, war es ein anderer Husky, der als Erster durch die Tür ging. Für uns ist damit hinreichend bewiesen, dass das

Dogma, dass der Leithund immer zuerst durch die Tür geht, nicht gilt. Was aber, wenn die Huskys wissen, dass auf der anderen Seite der Tür Futter auf sie wartet?

Wir haben den Test durchgeführt. Auch hier haben wir das gesamte Rudel in einen Abschnitt separiert und Schalen mit Hackfleisch in den angrenzenden Abschnitt gestellt. Die Schüsseln standen in der Mitte des Abteils, mit einem Abstand von einem Meter zwischen ihnen. Wir warteten 15 Minuten und stellten sicher, dass jeder Husky wusste, dass es im nächsten Abteil Futter gab. Auch wenn weniger Zeit ausgereicht hätte, wollten wir absolut sicher sein. Dann geschah etwas unter den Huskys, das wir so eindeutig nicht erwartet hatten. Die Huskys waren mit ihrem Gehege vertraut und wussten, wo sich die Türen der einzelnen Abteilungen befanden. Jetzt standen sie direkt vor der Tür zu dem Bereich mit dem Futter. Kurz nachdem wir die Schüsseln aufgestellt hatten, gab es die ersten kleinen Rangeleien. Nichts Ernstes, nur gegenseitiges Bellen und Zähnefletschen, um ihre Unzufriedenheit auszudrücken. Und je länger sie sich um die Tür drängten, desto heftiger wurden die Raufereien.

Der Leithündin Indy und zwei ihrer Welpen war das offensichtlich etwas zu blöd. Sie hielten sich nicht nur aus den Rangeleien heraus, sondern sie entfernten sich sogar von den anderen. Hauptsächlich bewegten sie sich im Bereich gegenüber der Tür zum Abteil mit den Futternäpfen. Direkt an der Tür kristallisierte sich immer mehr heraus, dass Django, der Stärkste im Rudel, seinen vordersten Platz behauptete. Django ist auch derjenige, von dem wir wissen, dass ihm von allen Rudelmitgliedern das Futter am wichtigsten ist. Genauer gesagt: Ihm ist ausschließlich Futter wichtig. Dieser vorderste Platz an der Tür wurde von zwei Heranwachsenden immer wieder infrage gestellt. Unermüdlich versuchten sie ihn ein wenig wegzudrängen, was Django mit kurzen heftigen Attacken quittierte, ohne dabei sein Gegenüber zu berühren. Zwischen diesen drei Huskys entstand immer mehr eine Rangelei, die sich von Minute zu Minute steigerte und in der sich Django jedes Mal aufs Neue behauptete. Um diese drei herum hatte sich eine Art Halbkreis gebildet. Man konnte den Eindruck gewinnen, als wenn die anderen den drei „Protagonisten" dort am Tor bei ihrem Tun zusahen wie bei einem Boxkampf. Indy war noch immer auf der gegenüberliegenden Seite des Abteils und hielt sich demonstrativ heraus, ebenso ihre zwei Welpen. Dieses Szenario veränderte sich in den nächsten Minuten bis zum Öffnen der Tür nicht mehr. Als wir die Tür öffneten, war Django auch der erste, der sich hindurch drängelte und zu einem der Näpfe lief, gefolgt von den anderen beiden Welpen, mit denen er sich zuvor minutenlang Rangeleien geliefert hatte. Daran anschließend folgten die Zuschauer aus dem Halbkreis von eben. Hier waren es die Reaktionsschnellsten, die zuerst durch die Tür kamen. Zuletzt folgten Indy und die beiden Welpen, die sich bei ihr aufhielten.

An den Näpfen angekommen, fraßen alle sofort wild drauflos. Django und Edge fraßen allein. An den Näpfen, an denen Welpen und Junghunde waren, fraßen sie auch zu zweit oder zu dritt gleichzeitig. Vereinzelt war dabei ein leichtes Knurren zu hören, aber es kam zu keinerlei Rangeleien oder Auseinandersetzungen. Als die Näpfe leer waren, schaute jeder in den anderen Näpfen nach, ob dort noch etwas zu holen war. Und innerhalb weniger Minuten hatte sich das ganze Rudel wieder beruhigt. Jeder suchte sich eine schöne Liegefläche oder versuchte jemanden zum Spielen aufzufordern, als wenn zuvor nichts gewesen wäre. Auch in diesem Szenario ging nicht die Leithündin zuerst durch die Tür, sondern derjenige, dem es am wichtigsten war, zum Futter zu gelangen.

Wie ist das in der Natur?

Wir wissen es nicht. In den Veröffentlichungen von Brandenburg und Bloch habe ich nichts gefunden, was die Theorie bestätigt, dass das Leittier zuerst durch die Tür geht. Es gibt Beschreibungen, dass das Leittier zuerst geht und alle anderen Mitglieder folgen, aber das ist immer situationsbedingt. Es gibt auch Beschreibungen, in denen das Leittier in die Mitte geht und das Rudel von dort aus anführt und lenkt. Ich frage mich, welchen Vorteil das Rudel hätte, wenn das Leittier immer zuerst gehen würde. Ich sehe keinen, denn wer immer zuerst geht, kann sich selbst in Gefahr bringen. Ratten, ebenfalls Rudeltiere, schicken nicht ohne Grund die schwächsten, rangniedrigeren Mitglieder voraus, zum Beispiel, um neue Nahrungsquellen zu testen oder neue Räume zu erkunden. Wie wichtig das Leittier für das Überleben eines Rudels ist, ist gut dokumentiert. Der Verlust des Leittieres wäre eine große Gefahr für das gesamte Rudel, die nicht leicht zu kompensieren ist.

Wie tief das Dogma, sitzt, dass der Mensch zuerst vor dem Hund durch eine Tür geht, kann man häufig in Hundeschulen erleben. Auf dem Weg vom Auto zum Hundeplatz zieht der Hund die Menschen quer über den Parkplatz, aber kaum an der Tür angekommen, wird dann durchgesetzt, dass der Mensch vorn läuft. Auf dem Weg zurück zum Auto, ist es dann wiederum der Hund, der zuerst ins Auto steigt. Widersprüchlicher geht es kaum.

Dominanzbereich – Unterordnungsbereich oder: Wer darf vorne gehen?

Es gibt in der Hundeszene verschiedene Theorien darüber, wer in einer Hund-Mensch-Beziehung vorangehen sollte. Einige glauben, dass es einen Dominanzbereich gibt, in dem der Mensch vor dem Hund steht, und einen Unterordnungsbereich, in dem der Hund folgt. Das bedeutet, wenn man Dominanz ausüben möchte, sollte der Mensch immer vorne gehen, während der Hund hinten bleibt. Diese Theorien haben uns, Lisa und mich, sehr interessiert, und wir beschlossen, die Frage, ob das stimmt, mit unserem Husky-Rudel zu untersuchen. Um dies zu tun, planten wir ein entsprechendes Experiment.

Bereits aus unseren täglichen Erfahrungen mit den Huskys konnten wir eine Sache vorab ableiten: Wenn wir im Gespann fahren, stehen Lisa oder ich immer ganz hinten auf dem Wagen, während vier bis acht Huskys vor uns laufen.

Diese Hunde folgen unseren verbalen Anweisungen ohne die Notwendigkeit mechanischer Hilfsmittel. Das bedeutet, dass sie auf unser Kommando hin nach links, rechts, stehen bleiben oder ziehen. In dieser Hinsicht sind wir den Hunden gegenüber dominant, da wir bestimmen, wohin es geht, und uns im Zweifelsfall durchsetzen. An diesem Beispiel lässt sich bereits erkennen, dass die anfängliche

Theorie in diesem Kapitel zumindest in dieser Situation nicht zutrifft.

Daraufhin starteten wir unser Experiment. Wir öffneten alle inneren Türen des Geheges, sodass das gesamte Rudel den gesamten Bereich des Geheges nutzen konnte. Alle Hunde liefen frei im Gehege herum. Dann stellte ich mich auf eine Seite des Geheges und Lisa auf die gegenüberliegende Seite. Wir waren beide außerhalb des Geheges. Ich lockte alle Hunde zu mir, und als sie alle bei mir an der Umzäunung waren, rief Lisa die Hunde zu sich. Sie stürmten alle unkoordiniert durch die einzelnen Abteilungen des Geheges. Es schien, als ob es nur darum ging, wer am schnellsten bei Lisa sein konnte. Dann drehten wir den Vorgang um. Lisa wandte sich ab, und ich begann die Hunde zu mir zu rufen. Das Ergebnis war dasselbe wie zuvor: Es schien nur darauf anzukommen, wer zuerst bei mir ankam. Es war nicht erkennbar, dass die Hunde darauf achteten, wer vorne geht und wer hinten bleibt. Die Reihenfolge, in der die Hunde bei mir ankamen, war völlig anders als zuvor.

Als Nächstes wandte ich mich ab, und Lisa begann erneut, das Rudel zu sich zu locken. Wieder liefen die Hunde durch die verschiedenen Abteilungen des Geheges zu Lisa. Die Reihenfolge war auch dieses Mal anders als zuvor. Interessanterweise befand sich Indy, die Leithündin des Rudels, meistens im Mittelfeld bei ihrer Ankunft. Manchmal war sie sogar fast die Letzte.

Daraus konnten wir ableiten, dass die Theorie der Dominanz und Hierarchie innerhalb des Rudels möglicherweise nicht so eindeutig ist, wie man angenommen hatte. Es scheint, dass die Hunde in dieser Situation nicht strikt darauf achten, wer vorn oder hinten geht, sondern sich eher darauf konzentrieren, zu ihrem gewünschten

Ziel zu gelangen. Diese Erkenntnisse haben uns dazu veranlasst, unser Verständnis der Dynamik innerhalb des Rudels und unserer Beziehung zu den Hunden weiter zu erforschen.

Wir beschlossen, das Experiment auszuweiten, da es möglich war, dass das Rudel aufgrund seiner Vertrautheit mit uns spezifisch auf unsere Anwesenheit reagierte. Lisa fragte daher in unserem Bekanntenkreis, ob wir uns für kurze Zeit einen Hund ausleihen könnten, der das Rudel bisher nicht kannte. Nachdem wir einen Hund gefunden hatten, den das Rudel noch nicht kannte, führten wir das Experiment fort.

Ich lockte wieder alle Hunde zu mir an den Zaun des Geheges. Währenddessen trat Lisa mit dem fremden Hund auf die gegenüberliegende Seite des Geheges an den Zaun heran. Anfangs waren die Hunde so mit mir beschäftigt, dass sie den fremden Hund zunächst gar nicht bemerkten. Doch als der fremde Hund aufgeregt bellte, erlangte er die Aufmerksamkeit des Rudels. Wie auf Knopfdruck rannten alle Hunde von mir weg in Richtung Lisa und dem fremden Hund. Sie durchquerten dabei erneut sämtliche Abteilungen des Geheges. Unsere Beobachtungen ließen darauf schließen, dass die Reihenfolge an den einzelnen Türen davon abhing, wer am schnellsten, geschicktesten und wendigsten war.

Bei Lisa angekommen, blieben die Hunde nicht, wie zuvor, bis zum Zaun vor ihr stehen. Stattdessen hielten sie etwa einen bis anderthalb Meter vorher an und bellten den fremden Hund drohend an. Dabei zeigte sich deutlich, dass Django, der kräftigste Rüde im Rudel, Magic, die angriffslustigste Hündin, und Indy, die Leithündin, am entschlossensten nach vorne gingen und am nächsten an den fremden Hund herankamen. Das laute Gebell des Rudels beeindruckte unseren Gasthund sichtlich.

Nach etwa acht bis zehn Sekunden entschied Indy, dass der fremde Hund offensichtlich keine Gefahr darstellte. Sie hörte auf zu bellen und drehte sich deutlich sichtbar weg. In den nächsten Sekunden entspannten sich alle Rudelmitglieder - bis auf Django. Obwohl auch er nicht mehr bellte, näherte er sich dem Zaun weiter, um den unbekannten Rüden genauer zu betrachten. Dann drehte er sich zur Seite, stellte sich parallel zum Zaun auf und markierte durch den Zaun in Richtung des anderen Hundes. Danach trabte er mit erhobenem Haupt davon. Die anderen Rudelmitglieder hatten sich bereits beruhigt und einige hatten sich sogar hingelegt. Die Situation hatte sich schnell entspannt. Als ich dann alle wieder zu mir rief, entstand erneut Aufregung im Rudel. Lisa mit dem fremden Hund an ihrer Seite wurde kaum beachtet.

Unser Fazit: Es scheint, dass die Mitglieder des Rudels entweder die Theorie vom Dominanz- und Unterordnungsbereich nicht kennen oder dass sie sich nicht dafür interessieren. Für alle Musher (die Fahrer eines Schlittenhundegespanns) gilt diese Theorie definitiv nicht. Und auch unsere Erfahrungen im Pfoten-Pfad während der letzten beiden Jahrzehnte widersprechen dieser Theorie.

Django frisst Johannisbeeren

In dem Gehege des Husky-Rudels stehen ungefähr ein Dutzend Johannisbeersträucher, die schon Jahrzehnte alt sind. Im Laufe der Zeit sind sie so hoch gewachsen, dass wir nicht mehr darüber wegschauen können. Dennoch tragen sie Jahr für Jahr viele süße Früchte.

Es war Mitte Juni, als diese Sträucher bereits voller Früchte hingen. Die Hälfte von ihnen zeigte ihre Reife durch ein strahlendes Rot an. Die andere Hälfte war noch grün oder auf dem Weg zum Rot. Wir pflückten für uns ein paar Johannisbeeren für den eigenen Verzehr.

Einige der Huskys, darunter Django und Edge, sahen uns interessiert zu. Beide schauten sich genau an, was wir taten. Auf uns machte es den Eindruck, als ob es für sie einerseits eine schöne Ablenkung vom Alltag war, andererseits interpretierten wir ihr Verhalten auch so, dass sie herausfinden wollten, was wir da machten. Als wir am nächsten Abend wieder einige Beeren für uns pflücken wollten, stellten wir fest, dass an den vordersten Sträuchern etliche Reben fehlten. Sie waren weg. Wir wussten nicht, wo sie geblieben waren. Hatten Vögel oder andere Tiere die Beeren stibitzt? Doch wir vermuteten, dass es wohl die Huskys gewesen sein mussten. Und so setzten wir uns in das Gehege, aßen die Johannisbeeren und beobachteten die Huskys. Nach einiger Zeit konnten wir sehen, dass Django anfing, an den Johannisbeeren herumzuschnüffeln. Ganz vorsichtig inspizierte er mit seiner Nase von oben bis unten eine Rebe. Und dann öffnete sich sein Maul, und er biss die gesamte Rebe mit den reifen und unreifen Früchten vom

Strauch ab und kaute. Seinem Gesicht und seinem Verhalten nach war es für ihn jedoch nicht so richtig köstlich. Dann kam Edge dazu. Er machte es ihm nach, schnüffelte an den Reben und biss dann eine ab. Es war ein Zweig voller unreifer und damit saurer Früchte. Er verzog das Gesicht, soweit ein Hund das kann. Die glatte Haut, die sein Gesicht umspannt, legte er in Falten. Anschließend schüttelte er seinen Kopf wieder und wieder, wohl um den Geschmack aus seinem Maul loszuwerden.

Junger Welpe frisst Johannisbeeren. Er hat sich dies vom „Vater"
abgeschaut.

Am nächsten Abend sahen wir einige Sträucher, an denen es nur noch unreife Reben gab. An einigen Reben fehlten einige Früchte. Wir vermuteten aufgrund der Erfahrungen des vorigen Tages, dass wieder Django und Edge an den Reben waren. Womöglich hatten sie gelernt, nur die reifen, roten Früchte zu fressen, die gut schmeckten. Deswegen ließen sie die unreifen, grünen Beeren am Strauch. Wir setzten uns wieder in das Gehege, warteten ab und beobachteten, während wir von den anderen Sträuchern reife Früchte naschten. Nach einiger Zeit konnten wir sehen, wie nur Django sich wieder den Sträuchern näherte und gezielt einzelne rote Beeren fraß. Die unreifen, grünen ließ er hängen. Er kaute mit seinen Zähnen nur die roten Früchte von den Reben. Manchmal nahm er seine Zunge zu Hilfe, um die kleinen Reben damit zu umschlingen und zu sich heranzuziehen. Ähnlich einer Kuh, die Gras vom Boden mit ihrer Zunge umschlingt, um es abzureißen und zu fressen. Die gleiche Technik verwendete Django mit den Johannisbeeren. Er hatte innerhalb kürzester Zeit eine hohe Präzision im Pflücken erreicht, die uns staunen ließ. Die Zeit, in der es reife Johannisbeeren gibt, ist nur kurz. Django nutzte sie jedoch ausgiebig, wahrscheinlich sogar mit großem Vergnügen, denn er verzehrte mehr Beeren als wir. Für uns ist dies ein erstaunliches Beispiel dafür, wie sehr Hunde uns Menschen beobachten und aus unserem Verhalten eigene Rückschlüsse ziehen. Wie schnell sie neue Fähigkeiten lernen, die gar nicht zu ihrem Repertoire gehören, und das alles ohne ständiges Wiederholen, Üben und Trainieren.

Blitz und sein „Teddy"

Blitz, einer der jüngeren Rüden, war wegen einer offenen Wunde in tierärztlicher Behandlung. In dem Rudel gehört er zu den eher weniger intelligenten Hunden. So passieren ihm aufgrund seiner Tollpatschigkeit immer mal wieder Missgeschicke, die zu leichten Verletzungen führen. Nach der Behandlung musste er in einem eigenen Gehege separiert werden, damit die Wunde in Ruhe heilen konnte. Er hatte Sichtkontakt zu den anderen Huskys, denn sein Gehege grenzte direkt an die anderen. So können sich alle sehen, hören und riechen. Natürlich war er davon nicht begeistert, weil er die Gemeinschaft mit den anderen gewohnt und selbst auch ein geselliger Hund war. Darum verbrachte er viel Zeit am Zaun, der ihn von den anderen trennte. Er war nüselig, wie man in Norddeutschland zu sagen pflegt, das war ihm deutlich anzumerken. Er ließ den Kopf und auch die Ohren hängen und immer wieder ertönte ein Jammern. Im Laufe der nächsten Stunden wurde aus dem Jammern ein regelrechtes Jaulen.

Wir dachten erst, es könnte an seinen Schmerzen liegen. Doch das konnte nicht sein, denn er hatte vom Tierarzt ein lange wirkendes Schmerzmittel bekommen. Von Stunde zu Stunde verschlechterte sich seine Laune. Er ließ Kopf und Ohren noch mehr hängen, und sein Gemütszustand wurde immer bedröppelter. Passend zu seinem Namen fehlte eigentlich nur noch ein Gewitter mit prasselndem Regen, um zu verdeutlichen, wie er sich fühlte. Wir versuchten ihn durch Kraulen ein wenig aufzumuntern. Er bekam sogar auch eine Extraportion Futter, was für die Mitglieder im Rudel etwas

Außergewöhnliches ist. Doch auch das konnte ihn aus seiner schlechten Laune nicht herausbringen. Wir wussten noch nicht so recht, warum er so missmutig war. Er war zwar separiert, hatte dennoch den vollen Kontakt zu allen anderen Rudelmitgliedern.

Dann fiel Lisa auf, dass Blitz nicht in seine Hütte ging. Sie stand in der Mitte des Geheges, wie es in allen Gehegen der Fall war. Aber warum ging er nicht hinein? Wir wussten es nicht. Er umkreiste sie zwar mehrmals, betrat sie aber nicht. Er schaute nicht mal hinein. Der Abend kam, es wurde düster, dunkler und dann wurde es Nacht. Das Jammern wurde immer lauter und intensiver. In die Hütte ging er weiterhin nicht.

Mittlerweile steckte Blitz die anderen Rudelmitglieder an und es kam wieder und wieder zu einem gemeinsamen Heulen, das von ihm initiiert wurde. Er war offensichtlich unglücklich, nur warum? Immer wieder hatte Lisa das Gefühl, dass es mit der Hütte zusammen hing, dass er sie mied. Das war schon ungewöhnlich. Spät am Abend, bereits nachts, als wir immer noch auf der Ursachensuche waren, erzählte Lisa beiläufig, dass Blitz immer in die gleiche Hütte ginge, wenn er mit den anderen zusammen sei. Und da fiel bei uns beiden der Groschen. Er suchte seine Hütte, denn sie fehlte ihm.

So machten wir uns auf in die Dunkelheit. Zu allem Überfluss hatte es noch begonnen, leicht zu regnen. Passend zu diesem Wetter angezogen, mit Regenjacke und Gummistiefeln, schleppten wir mitten in der Nacht durch den Regen über den glitschigen Boden die Hütte von Blitz in sein neues Gehege. Nun ist es ja nicht so, dass eine solche Hütte leicht wäre. Sie war stabil aus dickem Holz, mit entsprechender Isolierung gebaut. Und so manches Mal mussten wir artistische Einlagen vollziehen, weil wir auf dem glatten Boden ausrutschten. Dazu kamen Dunkelheit und die Feuchtigkeit. Wir mussten ganz schön ackern, konnten aber schon nach wenigen Minuten sehen, dass sich der Aufwand gelohnt hatte: Blitz lag zufrieden in seiner Hütte, nur die Nasenspitze schaute zur Öffnung heraus. Und er war still, ruhig und entspannt. Ihm hatte tatsächlich „seine" Hütte gefehlt. Er brauchte sie zum Schlafen und um zur Ruhe zu kommen, wie manche Kinder ihren Teddybären benötigen. Den Rest der Nacht hörten wir von Blitz keinen Ton mehr. Er tauchte erst am nächsten Morgen wieder aus seiner Hütte auf, zum rituellen Begrüßungsheulen, das jeden Morgen gegen sieben Uhr über das Grundstück schallt.

Ein ähnliches Problem konnte nur zufällig gelöst werden: Es waren noch 4 Tage bis zum Start des Beaver Trap Trail 2023, einem Langstreckenrennen in Schweden. Lina wollte plötzlich nichts mehr fressen. Zwei Tage lang verschmähte sie jegliche Nahrung. Am Tag zuvor nahm sie nur widerwillig ein paar Bissen zu sich. Lisa war verwirrt, denn Linas Gesundheitszustand schien völlig in Ordnung zu sein. Sie war fröhlich und ihr tierärztlicher Check für das Rennen verlief positiv. Doch am Nachmittag begann Lina wieder normal zu fressen. Lisa benötigte einen Moment, um zu begreifen, warum Lina plötzlich wieder ihren gewohnten Appetit hatte: Es stellte sich heraus, dass Lina in den vergangenen Tagen und Wochen immer aus einem pinkfarbenen Napf gefressen hatte. Zufällig hatte sie jedoch die letzten Tage einen Blechnapf erhalten, aus dem sie nicht fressen wollte. Heute hatte sie wieder, ebenfalls zufällig, einen pinkfarbenen Napf bekommen, und sie fraß wie gewohnt.

Für uns ist es immer wieder überraschend, wie sensibel Hunde auf solche Details reagieren können. Deswegen heißt es für Lisa immer, dass sie aufmerksam auf ihre schutzbefohlenen Huskys achten muss.

Cola und die Höhle

In Lisas Husky-Rudel lebte Cola. Cola war immer eine sehr liebevolle und fürsorgliche Hündin, die sich stets um die anderen Hunde im Rudel kümmerte und auf Rennen sich für das Team ins Zeug legte. Doch in den vergangenen Wochen hatte sich ihr Verhalten merkwürdig verändert. Sie hatte angefangen, sich eine Höhle unter ihrer Hütte zu graben und diese mit allerlei, was sie finden konnte, auszustatten.

Lisa hatte sich schon Gedanken gemacht, was mit Cola los sein könnte. Es stellte sich bald heraus, dass sie scheinschwanger war. Das bedeutete, dass ihr Körper dachte, sie sei schwanger und sie alle Symptome einer Schwangerschaft zeigte, aber es gab keine Welpen.

Cola jedoch schien das nicht zu interessieren. Sie hatte sich in ihre Höhle zurückgezogen und verteidigte diese gegen alle anderen Hunde im Rudel, die neugierig hineinschauten. Sie hatte sich in den Kopf gesetzt, dort ihre Welpen zu bekommen. Lisa beobachtete das Verhalten ihrer Hündin mit Sorge. Sie wusste nicht, wie sie ihr helfen konnte.

Lisa entschied, dass sie Cola aus ihrer Höhle holen musste. Seit Tagen war sie darin und wurde nur sporadisch gesehen. Lisa schlängelte sich in die Höhle. Die Hälfte ihres Körpers war verschwunden, als sie endlich Cola zu fassen bekam und herausholte. Anschließend verschloss Lisa den Eingang der Höhle mit einer Holzplatte. Cola war zunächst verwirrt und verängstigt, als sie ihre Höhle verschlossen fand. Lisa nahm sie in ihre Arme und tröstete sie.

In den nächsten Wochen verhielt sich Cola wieder wie früher. Sie spielte mit den anderen Hunden und war wieder die liebevolle und fürsorgliche Hündin, die sie immer gewesen war. Lisa war erleichtert und glücklich, dass Cola wieder glücklich war.

Was passiert im Rudel, wenn die Hündinnen läufig werden?

Wenn weibliche Hunde in einem Rudel sexuell empfänglich werden, kann das einen erheblichen Einfluss auf die Dynamik der Gruppe haben. Die Rüden interessieren sich dann oft mehr für die Hündinnen, was zu Konkurrenz und sogar zu Kämpfen zwischen ihnen führen kann. Die Weibchen wiederum können selbstbewusster und dominanter werden, wenn sie um die Aufmerksamkeit der Männchen buhlen. Das kann mitunter zu Spannungen und Konflikten innerhalb des Rudels führen.

Die Auswirkungen des Läufigkeitszyklus einer Hündin auf ein Rudel können jedoch von einer Reihe von Faktoren abhängen. Zum Beispiel können die Größe und die Zusammensetzung des Rudels eine Rolle spielen, aber auch die individuellen Persönlichkeiten der beteiligten Hunde. In manchen Fällen ist das Rudel in der Lage, diese Phase erhöhter sexueller Spannung ohne größere Probleme zu überstehen. In anderen Fällen kann die Dynamik der Gruppe jedoch erheblich gestört werden.

Läufige Hündinnen werden in dieser Zeit von Lisa separiert. Dadurch kommt es weder zu unerwünschtem Nachwuchs noch zu Streitigkeiten. Lediglich die Rüden heulen und nörgeln in diesen Zeiten deutlich mehr. Doch wenn es ums Rennen geht, ist all das vergessen. Bei den Gästetouren können intakte Rüden neben Hündinnen in den Stehtagen eingespannt werden, es kommt nicht zu einer Kopulation. Zum einen wissen die Rüden genau, dass sie das nicht dürfen ohne Lisas Erlaubnis und zum anderen sind alle ihrer Huskys beim Einspannen so auf das kommende Abenteuer fixiert, dass keiner mehr an etwas anderes denkt.

Was viele Hundebesitzer nicht wissen: Die weiblichen Hunde können ihren Läufigkeitszyklus verändern. Je nach äußerer Situation können sie ihren Läufigkeitszyklus hinauszögern oder vorziehen.

Ein anschauliches Beispiel dafür ist die Ankunft von Phøniks, die ich in dem Buch: „Mit 20 Huskys durch Europa" beschrieben habe: „Phøniks hatte sich zusammen mit Balva gut in die Gemeinschaft des Rudels eingelebt. Seine bloße Anwesenheit, seine Ausstrahlung, seine Aura verzückte die Damenwelt in Lisas Rudel so sehr, dass in der Woche nach seiner Ankunft sieben Hündinnen vorzeitig läufig wurden. Manche von ihnen zogen ihre Läufigkeit bis zu 5 Wochen vor. Er machte also von Anfang an einen mächtigen Eindruck. Nicht nur bei den holden Damen in dem Rudel, sondern auch bei den stattlichen Rüden. Selbst Django wagte bei Phøniks nicht zu grummeln oder zu bellen. Die beiden waren einige Zeit in zwei direkt nebeneinander liegenden Gehegen. Es kam nicht ein einziges Mal zu einer Pöbelei zwischen den beiden. Sie akzeptierten einander auf Augenhöhe. Das meine ich nicht nur symbolisch gesprochen, sondern tatsächlich. Sie standen sich manchmal Nase an Nase gegenüber in den Gehegen. Die Nasenspitzen nur wenige Zentimeter voneinander entfernt, getrennt nur durch ein dünnes Gitter. So standen sie minutenlang und starrten sich gegenseitig in die Augen. Man hörte keinen Mucks, es war keine Regung in ihren Gesichtern zu sehen. Und dann, auf einmal, als hätte es einen unsichtbaren Gong gegeben, der dazu aufrief: „Jetzt ist genug, es reicht, gehen sie auseinander," gingen sie auseinander. Als wäre nichts gewesen. Um genau dieses Gehabe am nächsten Tag nochmals zu exerzieren. Mit dem jeweils immer gleichen Ergebnis. Wortloses auseinandergehen. Dieses sich wiederholende Szenario erinnerte mich an den berühmten Spruch: Wahnsinn ist, immer das Gleiche zu tun, aber ein anderes Ergebnis zu erwarten."

Elsa und Edge - Eine Geschwister-Novelle

Elsa und Edge, ein Alaskan Husky Geschwisterpaar, wurden in Norwegen geboren. In den ersten fünf Monaten ihres Lebens kannten die beiden nur die weiten Landschaften Norwegens. Sie hatten nur Kontakt zu dem einen Menschen, der sie fütterte. Sie liefen anfangs zusammen mit ihren Geschwistern und wurden später, wie in Norwegen üblich, an einer Hütte angekettet. Das war alles, was sie in dieser Zeit erlebten: ein Mensch, Hundehütten, andere Zughunde und die Natur. Hundetrainer werden jetzt die Hände über dem Kopf zusammenschlagen aufgrund der praktisch nicht vorhandenen Sozialisierung von Elsa und Edge.

Im Alter von fünf Monaten begann sowohl für Elsa als auch für Edge eine große Reise. Elsa zog ein paar hundert Kilometer entfernt zu einem anderen Musher in Nordnorwegen, während Edge eine Reise von über zweitausend Kilometern nach Deutschland in einem Fahrzeug antrat. Er zog bei einem Musher im Westmünsterland ein, wo er ein neues Zuhause fand. Dort musste er sich an seinen neuen Zwinger gewöhnen und weiter wachsen. Er verbrachte mehrere Monate in dieser Umgebung, bis er schließlich im Alter von etwa einem dreiviertel Jahr seine ersten Ausflüge außerhalb des Zwingers unternahm. Diese Ausflüge führten durch den nahe gelegenen Park, und er begleitete das Schlittenhundegespann. Bald darauf wurde er selbst in das Team integriert und lief von da an mit den anderen Hunden mit.

Im Alter von anderthalb Jahren begann wieder eine Reise in ein neues Zuhause für Edge. Er kam mit dem Rest seines des Rudels zu Lisa. Alles, was Lisa tat, war, das Vertrauen des Rudels zu gewinnen. Sie vermittelte den Hunden, dass alles, was sie für sie tat, ihrem eigenen Wohl diente. Und rasch vertrauten ihr die Hunde.

Edge ist der Schnellste im Rudel, und seine Persönlichkeit ist schwer in Worte zu fassen. Er ist so einer von der Sorte: „Musst du sehen, dann weißt du, was wir meinen." Er motiviert sogar andere Hunde mit seiner Begeisterung für das Rennen. Hinzu kommt sein außerordentlicher Ehrgeiz: Man hat den Eindruck, als sei jeder Ausflug für ihn ein Wettrennen, das er gewinnen muss. Ein Mentalitätsmonster, wie man im Sport sagen würde. Es gibt unzählige kleine Abenteuer und Erlebnisse, die wir mit Edge erlebt haben und die seine einzigartige Persönlichkeit widerspiegeln. Diese Geschichte steht stellvertretend für die besonderen Momente, die wir mit ihm teilen.

Edge beim Tierarzt

Lisa musste mit Edge zum Tierarzt, da er für die bevorstehende Wettbewerbssaison geimpft werden musste, was eine Pflicht für die Teilnahme an den Wettbewerben war. Sie besuchten den Veterinär ihres Vertrauens, Berit Warmann in Bad Bederkesa, pünktlich zum vereinbarten Termin. Als sie das große, geräumige Wartezimmer betraten, waren sie die einzigen dort. Lisa nahm Platz auf einer bequemen, braunen Bank, und Edge setzte sich ohne Aufforderung vor sie. Die Atmosphäre war ruhig und entspannt.

Nach einer Weile betrat eine Frau das Wartezimmer, begleitet von ihrem Hund. Der Vierbeiner gehörte zu der Sorte, der jeden begrüßen wollte. Mit wedelndem Schwanz bewegte er sich langsam in Richtung Edge. Doch Edge blieb sitzen und machte durch einen kurzen Blick deutlich, dass er keine Begrüßung von diesem Hund wünschte – zumindest nicht in diesem Moment. So einfach konnte Edge seine Abneigung ausdrücken, ohne aufstehen zu müssen. Er drehte nur leicht den Kopf, um den Blickkontakt herzustellen.

Der andere Hund reagierte sofort auf das Signal von Edge und drehte sich um, um zu seinem Besitzer zurückzukehren. Die Frau konnte es sich nicht verkneifen, die Szene zu kommentieren: „Er mag uns nicht!", sagte sie und drehte ihren Kopf, um den Blickkontakt mit Lisa und Edge zu vermeiden, genau wie Edge es zuvor getan hatte.

Nach einiger Zeit kam die Helferin in den Warteraum und bat Lisa zusammen mit Edge zur Waage. Noch nie zuvor hatte er in seinem Leben eine Waage gesehen. Lisa schaute Edge an, zeigte auf die Waage und sagte zu ihm: „Geh mal auf die Waage." Edge tat wie ihm geheißen und stand. In Ruhe konnte die Helferin das Gewicht ablesen. Dann ging es weiter in einen der Behandlungsräume. Er sollte auf den Tisch, und die Helferin fragte, ob sie behilflich sein sollte, Edge auf den Tisch zu heben. Natürlich brauchte sie das nicht. Lisa zeigte auf den Tisch und sagte zu ihm: „Hüpf mal auf den Tisch." Es war zwar weniger ein Hüpfen, mehr ein Klettern, aber dann stand er auf dem Tisch und setzte sich sogleich hin. Als der Tisch mit leichtem Surren hochfuhr, schaute Edge kurz zu Lisa, blieb jedoch sitzen.

Dann kam die Ärztin, um ihn zu untersuchen. Edge ließ das Abhören, das Nachschauen der Krallen und den prüfenden Blick ins Maul einfach so über sich ergehen. Sein Gesundheitszustand war tadellos. Die Ärztin nahm die Spritze, die die Helferin bereithielt und impfte ihn. Edge gab keinen Mucks von sich, zuckte nicht einmal, blieb weiter brav sitzen. Die Ärztin ging zu einer Schublade in dem großen Wandschrank an der Seite, nahm ein Leckerchen heraus und hielt es ihm mit den Worten hin: „Möchtest du ein Leckerchen?" Edge drehte den Kopf weg. Von Fremden nimmt man nichts. Das hatte ihm niemand beigebracht, Lisa brauchte es nur zu denken. Das reichte. Lisas Gesicht überzog ein leichtes Lächeln. Stolz verließ sie die Praxis, nachdem die Ärztin ihr gesagt hatte: „Hach, ihre Huskys sind immer so lieb, ruhig und so gut erzogen." Nein, die Huskys sind nicht wirklich in dem Sinne erzogen. Sie kennen die Befehle, die sie im Gespann benötigen, und der eine oder andere Husky kennt noch das Kommando „Sitz". Aber das ist es dann auch schon. Ansonsten waren es einfach Respekt und tiefes Vertrauen Lisa gegenüber, das Edge zu diesem Verhalten bewegte. Training oder Sozialisierung waren es keinesfalls, denn Edge hatte in seiner Kindheit beides nur mangelhaft erhalten.

Grünkohlwanderung

Eine weitere Geschichte, die das tiefgreifende Vertrauen von Edge in Lisa zeigt. Lisa fuhr mit vier Hunden vor einem leichten Wagen um den See in dem benachbarten Naturschutzgebiet. Es war ein Samstagvormittag im Dezember. Und es war die Zeit, in der eine Gaststätte in dem Nachbarort regelmäßig Grünkohlwanderungen durchführte. Diese feuchtfröhlichen Grünkohlwanderungen sahen so aus, dass 50 bis 80 Menschen eine Wanderung mit Bollerwagen durchführten. Auf diesen Bollerwagen gab es flüssige alkoholische Wegzehrung, sowie Lautsprecher, aus denen Schlagermusik dröhnte. Schon von Weitem hörte Lisa, dass dort Menschen unterwegs waren. Der laute Gesang wurde nur durch die Schlagermusik aus den Lautsprechern übertroffen.

Lisa erkannte sofort, dass sie über eine Gruppe von Grünkohlwanderern gestolpert war. Der Richtung der Schlagermusik nach zu urteilen, konnte sie bereits erahnen, wo die Grünkohlwanderung stattfand. Es war ein schmaler Weg, kaum breiter als der Wagen, den ihre Huskys zogen. Und es gab keine Möglichkeit, dieser Gruppe von Feiernden auszuweichen. Sie musste mit ihrem Gespann und Edge vorweg da durch. Kurz bevor das Team das Ende der Menschengruppe erreichte, fragte Edge Lisa deutlich, ob sie sicher sei, dass alle das bevorstehende Abenteuer ohne Verletzungen überstehen würden. Er sprang immer wieder in der ersten Reihe des Wagens auf, hob seine Vorderbeine und drehte seinen Kopf mit einem fragenden Gesichtsausdruck zu Lisa zurück. Sie näherte sich der feiernden Menge von hinten. Alles um sie herum war so laut, dass die Leute Lisa nicht bemerkten. Sie musste laut rufen, um sich Gehör zu verschaffen. Die Leute sahen sich um und waren erstaunt, wer da aus dem Nichts hinter ihnen aufgetaucht war.

Lisa bat die Leute höflich zur Seite zu gehen, damit sie mit ihrem Hundegespann passieren konnte. Doch die Menschen stellten sich nicht auf eine Seite, sondern bildeten zu beiden Seiten eine Art Spalier, das den Weg noch enger machte. Es war schwierig, sich durch den begrenzten Raum zu schlängeln, und Lisa musste immer wieder rufen, aber der Lärm machte es schwer, gehört zu werden. Einige der Leute waren offensichtlich schon durch Alkohol beeinträchtigt und torkelten vor die Hunde, was gefährlich hätte enden können.

Als wäre das nicht genug, sprangen manche Leute vor das Gespann, um Fotos oder Selfies zu machen. Lisa musste immer wieder stoppen, um Zusammenstöße zu vermeiden. Auch zwei Kinder auf Dreirädern tauchten plötzlich wie aus dem Nichts vor den Huskys auf und blieben stehen, um die Tiere zu bestaunen. Lisa musste die Eltern bitten, ihre Kinder wegzunehmen, bevor es zu gefährlich wurde.

Um Lisa und ihren Huskys herum herrschte ein Chaos, während Bollerwagen mit lauter Musik neben den Huskys herfuhren und die Geräusche direkt in ihre empfindlichen Ohren drangen. Lisa arbeitete sich mühsam Meter für Meter durch die Menschenmenge, während sie versuchte, in all dem Chaos Ruhe zu bewahren. Edge war das alles nicht geheuer. Am liebsten hätte er ein Loch gegraben und wäre hineingesprungen. Aber pflichtbewusst führte er als Leader alle Anweisungen und Wünsche von Lisa aus.

Endlich hatte sie es geschafft, die Grünkohlwanderung hinter sich zu lassen. Lisa seufzte erleichtert und ließ ihre sechs von Edge geführten Huskys laufen, um sich schnell von dem Trubel zu entfernen. Nach einer langen Zeit des Gedränges und der Aufregung war sie erleichtert, dass sie es geschafft hatte und endlich wieder in Ruhe mit ihren Hunden unterwegs sein konnte.

Ich habe oben bereits beschrieben, wie die Sozialisierung von Edge verlief. Dieses Beispiel zeigt deutlich, dass Respekt und vor allem Vertrauen in einer Beziehung viel wichtiger sind als jede Form der Sozialisierung des Hundes oder Übungspläne zur Abhärtung von Welpen, um sie auf das Leben unter Menschen vorzubereiten.

Edge's Freude - Elsas Leid.

Leider hatte Elsa nicht so viel Glück wie Edge. Der Mann, der ihr ein neues Zuhause gab, kümmerte sich zunächst liebevoll um alle seine Huskys und verdiente seinen Lebensunterhalt damit, Touristen auf Schlittenfahrten durch die Weiten Nordlapplands mitzunehmen. Doch dann kam Corona, und mit den Abriegelungen und

Einschränkungen blieben die Touristen aus. Dadurch hatte er kein Einkommen mehr, und seine Ersparnisse waren bald aufgebraucht. Obwohl Norwegen ein wohlhabendes Land ist, waren die Beihilfen für Corona nicht so groß wie in Deutschland.

Bald hatte der Musher kein Geld mehr für Hundefutter und er konnte auch nichts organisieren, weil er dem Alkohol verfallen war. Schließlich überließ er die Hunde sich selbst. Die Huskys hungerten und Hunger schürt Aggressionen. Sie begannen, einander anzugreifen. Sie kämpften ohne Regeln, Grenzen und Hemmungen, aber mit knurrenden Mägen um vermeintliches Futter. Elsa verletzte sich bei einer solchen Auseinandersetzung am Ohr. Da der Musher kein Geld für einen Tierarzt hatte, schnitt er einfach die obere Hälfte ihres Ohres ab und verödete die Wunde selbst. Kurz darauf schritt das norwegische Veterinäramt ein und beschlagnahmte die Hunde, um sie auf verschiedene Tierschutzorganisationen zu verteilen. In Norwegen gibt es kein System von Tierheimen wie in Deutschland, daher bemühten sich die Tierschutzorganisationen, die Huskys zu vermitteln.

Später untersuchte die Polizei das gesamte Gelände des Mushers, sogar mit Spürhunden. Es wurden fast zwei Dutzend tote Huskys gefunden, einige waren unter loser Erde verscharrt, andere in Gefrierschränken zwischengelagert. Die überlebenden Huskys waren alle in einem miserablen Zustand. Die norwegischen Tierschützer gaben jedoch alles, um das Leid der Hunde zu lindern und sie wieder aufzupäppeln.

Eines Tages stieß Lisa zufällig auf die Vermittlungsanzeigen eines norwegischen Tierschutzvereins. Sie beschloss, sich damit näher zu beschäftigen und sah dort auch Elsa. Die Geschichte, die sie über Elsa gelesen hatte, berührte sie zutiefst. Sie konnte nicht glauben, was die arme Hündin durchgemacht hatte und wie schrecklich ihr Leben gewesen sein musste. Als Lisa dann noch erfuhr, dass sie die Schwester von Edge war, stand die Entscheidung schnell fest: Sie musste etwas tun, um ihr zu helfen. Nach reiflicher Überlegung beschloss Lisa, Elsa zu adoptieren und ihr ein neues Zuhause zu geben.

Die Vermittlung wurde eingeleitet, und bald darauf durfte Elsa zusammen mit Sid, einem weiteren Husky, der das Martyrium überlebt hatte, die lange Reise nach Deutschland antreten. Zusammen mit Anja fuhr ich über Dänemark und Schweden zur Svinesundbrücke (Schweinebrücke) an der Norwegisch-Schwedischen Grenze. Der Zeitpunkt für diese Aktion hätte kaum schlechter gewählt werden können: Mitten im zweiten Corona-Lockdown. An den Grenzen wurde kontrolliert. Nach Dänemark durfte man nicht einreisen, sondern nur durchreisen. Nach Schweden durfte man nicht einreisen. Auch nicht durchreisen. Einzige Ausnahme: Warenlieferungen oder der Besuch nicht aufschiebbarer Ereignisse. Gemeint waren Beerdigungen. Aber auch die Abholung von Hunden?

An der dänischen Grenze wurden Anja und ich herausgewunken und kontrolliert. Der Transporter, mit dem wir fuhren, wurde durchsucht. Die Grenzbeamten fragten nach unserem Ziel und dem Zweck unserer Reise. Bei unserer Antwort rollten die dänischen Grenzbeamten förmlich mit den Augen. Man wünschte uns eine gute Fahrt und winkte uns weiter. Gegen Mitternacht kamen wir an der Grenze zu Schweden an. In Malmö, direkt hinter der Öresundbrücke. An der Grenze lief ein schwedischer Grenzbeamter einen Spurt von über 50 m quer über alle Fahrbahnen in unsere Richtung, nur um uns herauszuziehen und zur Kontrollstation der Polizei zu bringen. Schlechtes Omen? Es gab die gleichen Fragen, wie schon bei der Einreise nach Dänemark. Statt Augenrollen gab es hier zerknirschte Gesichter, so nach dem Motto: „What the Fuck! Wisst ihr nicht, dass Corona ist? Und ihr fahrt quer durch Nordeuropa?" Kopfschütteln bei allen beteiligten Beamten. Aber man ließ uns fahren. Schneller Stopp in Malmö: Kaffee, Baguette, Milchshake, Donut, tanken. Noch 5 Stunden bis zur nächsten Grenze.

Kurz nach 5 Uhr kamen wir dort an. Die Grenze war geschlossen. Sie öffnet erst um 8 Uhr. Um 9 Uhr wollten wir uns dort mit den Mitarbeitern des norwegischen Tierschutzes treffen. Vor der Schweinebrücke war ein Lkw-Rasthof. Dort legten wir uns schlafen. Kurz nach 8 Uhr standen wir auf. Wach werden war angesagt.

Die Örtlichkeit sah so aus: Vom Rasthof ging es direkt auf die Brücke, an deren Ende der schwedische Grenzposten war. 50 Meter nach dem Grenzposten befand sich ein Parkplatz. Dort war der Treffpunkt. Weitere 50 Meter war der norwegische Grenzposten. Anja und ich fuhren los. Über die Brücke zum schwedischen Grenzposten. Dort winkte man uns durch die Fenster freundlich zu, ohne die warmen Räume zu verlassen. Sie wussten bereits durch das norwegische Veterinäramt den Grund und das Ziel unserer Reise. Langsam fuhren wir weiter. Auf der Straße sahen wir drei junge Menschen, die uns schon zuwinkten. Sie standen an der Einfahrt des Parkplatzes. Ich schaute zum norwegischen Grenzposten. Dort war zu sehen, dass sich zwei Beamte nach draußen begaben und in unsere Richtung schauten. Wir waren nun in der Höhe des Parkplatzes angekommen, und die drei Mitarbeiterinnen vom Tierschutz drehten sich in Richtung des norwegischen Grenzpostens um. Sie winkten den Grenzbeamten zu und zeigten auf unser Fahrzeug. Wir bogen auf dem Parkplatz ein und parkten neben dem Fahrzeug der Tierschutzorganisation.

Gamla Svinesundsbron

Wir alle begrüßten uns herzlich wie alte Freunde. Das Fahrzeug der Tierschutzorganisation stand offen und ich konnte in den dortigen Boxen bereits Elsa und Sid sehen. Ich ging die wenigen Schritte bis zu der geöffneten Tür des Fahrzeuges, und begann Elsa zu streicheln und zu knuddeln. Es dauerte nur wenige Sekunden, da begann sie ihren Kopf gegen meine Hand zu drücken, damit ich sie an den Stellen kraulen konnte, wo sie es gerne hatte. Kurz darauf drehte sie ihren Kopf weiter, sodass ich jetzt ihr gesamtes Öhrchen massieren konnte. Während ich bereits Elsa mit diesen Knuddeleinheiten verwöhnte, instruierten die Mitarbeiterinnen des norwegischen Tierschutzes Anja, wie mit diesen Hunden umzugehen sei. Neben den typischen Hinweisen zum Geschirr gab es dann auch den Hinweis, dass vor allem Elsa Angst vor erwachsenen Männern hat und wir darauf sehr achten sollten. Angst? Elsa? Vor erwachsenen Männern? Das konnte ich gerade sehen. Denn ich erlebte in diesem Moment den Beginn einer wunderbaren Freundschaft zwischen uns beiden. Ich rief den drei Mitarbeiterinnen zu, dass das wohl nicht so ganz stimmen würde, mit einem Lachen im Gesicht, das offensichtlich ansteckend war. Sie alle lachten, denn diese Szene gab ihnen ein gutes Gefühl. Das gute Gefühl, die Hunde an die richtigen Menschen zu übergeben.

Nach ungefähr einer Dreiviertelstunde verabschiedeten wir uns, die Hunde waren in unseren Transporter in den Boxen umgezogen und wir machten uns auf den Weg. Nun begann die nächste Hürde: ließ man uns wieder in Schweden hinein? Wir hatten vom norwegischen Veterinäramt die Information, dass sie bei dem schwedischen Grenzposten anrufen wollten, die Situation erklären, damit wir ohne Probleme wieder nach Schweden hineinkommen. Nach Norwegen sind wir aus diesem Grund nicht hineingefahren. Der Parkplatz, auf dem die Übergabe stattfand, war praktisch Niemandsland. Das Land zwischen Schweden und Norwegen. Langsam fuhren wir auf der Straße zurück Richtung des schwedischen Grenzpostens. Die schwedischen Grenzbeamten sahen uns wohl schon kommen, denn als wir ankamen, konnten wir niemanden mehr sehen. Langsam, im Schritttempo, rollten wir über die Grenze. Wir schauten noch, ob jemand irgendwo herauskam, aber es kam niemand. Als die Reifen unseres Transporters den Bodenbelag der Brücke berührten, gaben wir Gas.

Sechs Stunden später waren wir wieder in Malmö an der Öresundbrücke. Die schwedische Grenzstation nach Dänemark. Sporadisch zogen die schwedischen Grenzbeamten einige Fahrzeuge heraus. Schon von Weitem zeigte ein Beamter auf uns, und uns war klar: Wir gehörten dazu. Man fragte uns, was wir in

Schweden gewollt haben, wohin wir wollten, ob wir etwas geladen haben, ob wir etwas Illegales dabeihätten, und so die üblichen Sachen halt. Anja erklärte den Grenzbeamten auf Englisch, was wir taten. Gestern von Deutschland aus bis zur norwegischen Grenze fahren, zwei Hunde in Empfang nehmen, und nun wieder zurückfahren. Ich weiß noch, wie der Beamte uns fragte, ob wir nicht wüssten, dass es in Schweden ein Einreiseverbot gäbe, und es nur für besondere Ereignisse erlaubt wäre, in Schweden einzureisen. Während ich in meinem müden Kopf nach einer passenden Antwort suchte, sagte Anja einfach: „No". Und was antwortete der Grenzbeamte? „Okay." Er gab uns unsere Ausweise zurück und wünschte uns eine gute Fahrt.

Wir fuhren über die Öresundbrücke. Kurz vor Kopenhagen befand sich ein provisorisch aufgebauter dänischer Grenzposten. Hier wurden alle Fahrzeuge, die von Schweden kamen, durchgeschleust. Wir reihten uns ein. Nach einiger Zeit waren auch wir dran. Der dänische Beamte fragte uns, wohin wir wollten, wir antworteten nach Hause nach Deutschland, er fragte uns nach der Beladung, wir sagten ihm die Hunde, er kontrollierte die Ausweise der Hunde und von uns und wir konnten weiterfahren. Ohne Stopp durchfuhren wir Dänemark. An der Grenze zu Deutschland sah man unser deutsches Kennzeichen und winkte uns durch. Die Einreise von Deutschen nach Deutschland war zu diesem Zeitpunkt erlaubt.

Bei Lisa angekommen, nahm sie Elsa und Sid in Empfang. Sie gab den beiden ein warmes Zuhause mit Schutz und Sicherheit. Mit Geduld, Erfahrung und Zuneigung half Lisa Elsa und Sid dabei, sich in ihrem neuen Zuhause einzuleben und ihre schlimmen Erlebnisse zu verarbeiten. Sie ging behutsam auf ihre Bedürfnisse ein und unterstützte sie dabei, ihre Angst zu überwinden und Vertrauen in die Menschen zurückzugewinnen. Als effektivster

Therapieansatz bestätigte sich auch in diesem Fall: artgerechte Bewegung.

Mit der Zeit blühte Elsa regelrecht auf. Ihre Vergangenheit war zwar schrecklich, aber Lisa versuchte, dass sie ein glückliches Leben führen konnte. Doch bald war klar, dass dies nicht in dem Rudel von Lisa sein konnte.

Elsa und Edge

Im Gegensatz zu Sid waren die vielen anderen anwesenden Huskys immer wieder ein Trigger für Elsas Erfahrungen in Nordnorwegen. Immer wieder wurde sie durch verschiedene Auslöser an ihr Martyrium erinnert. Dies zeigte sich in Zurückgezogenheit, über

Unsicherheit mit Fluchttendenzen bis zum panischen Zittern unter Stroh in einer Hütte liegend.

Schweren Herzens, aber das Wohl Elsas im Blick, entschied Lisa sich, für Elsa ein neues Zuhause zu suchen. Doch woher nehmen, wenn nicht stehlen? Folgende Merkmale waren für eine erneute Integration von Elsa notwendig:

- regelmäßiges Fahrradfahren,
- höchstens ein oder zwei andere Hunde, die optisch kleiner sein mussten,
- Menschen, die nicht gleich in Panik verfallen, wenn ein Trigger Elsa zu Panikanfällen verleitet,
- im Haus mit einigen Rückzugsmöglichkeiten lebend.

Es dauerte zwar seine Zeit, doch Lisa fand tatsächlich ein passendes, neues Zuhause für Elsa. Sie fand es bei Alex und Lea, einem liebevollen Paar, das alle Kriterien für eine Adoption erfüllte. Allerdings hatten sie auch einige Katzen, und Lisa wusste von Elsas Vergangenheit, dass sie gerne mal einer Katze hinterherjagen würde, wenn sich die Gelegenheit bietet. Dennoch waren Alex und Lea bereit, Elsa bei sich aufzunehmen. Sie waren zuversichtlich, dass sie gemeinsam daran arbeiten könnten, dass sich Elsa und die Katzen gut verstehen würden. Ich muss zugeben, dass ich mir nicht so sicher war, ob das gut gehen würde. Doch schon bald wurden meine Zweifel widerlegt.

Elsa zog bei Alex und Lea ein, und von Anfang an spürte man, dass sie dort das liebevolle Zuhause fand, das Lisa suchte und Elsa so dringend brauchte. Die beiden entwickelten schnell eine enge Bindung zu Elsa, und sie wurden unzertrennliche Gefährten. Elsa brachte viel Freude und Liebe in das Leben von Alex und Lea und bereicherte es auf eine besondere Weise.

Alex fand in Elsa eine sportliche Herausforderung, die ihn Antrieb. Als Alaskan Husky war Elsa in der Lage, dutzende Kilometer in hohem Tempo zu laufen. Alex wiederum gab alles, um auf dem Fahrrad neben ihr mitzuhalten. So motivierten sie sich einander auf ihren täglichen Trainingseinheiten und erreichten immer neue persönliche Rekorde.

Gemeinsam gingen sie durch dick und dünn, meisterten Herausforderungen und bildeten ein unschlagbares Team. Elsa war nicht nur ein geliebtes Haustier, sondern ein Familienmitglied, das sie alle gleichermaßen liebten. Die Sache mit den Katzen verlief erstaunlich gut, denn Elsa lernte schnell, dass sie ihren neuen Katzenfreunden keinen Schaden zufügen durfte.

Elsa hatte endlich ihr glückliches Zuhause gefunden, und Lisa war glücklich und stolz darauf, ihr ein neues Zuhause voller Liebe und Fürsorge geschenkt zu haben. Sie konnte sehen, wie Elsa in ihrer neuen Familie aufblühte und sich von Tag zu Tag glücklicher und selbstbewusster fühlte.

Die Geschichte von Elsa und ihrer Adoption zeigt, wie wichtig es ist, dass es Menschen wie Lisa, Alex und Lea gibt, die bereit sind, Tieren in Not zu helfen und ihnen ein liebevolles Zuhause zu schenken. Es ist erstaunlich, wie viel positive Veränderung man bewirken kann, wenn man sich für ein Tier einsetzt und ihm die Chance auf ein glückliches Leben gibt. Elsas Geschichte ist ein berührendes Beispiel dafür, wie Tierliebe und Fürsorge das Leben eines Tieres vollkommen verändern können.

Schlusswort

„Abschließend ist zu sagen, dass es wirklich sehr spezielle Hunde sind: Hochleistungssportler.

Nicht jeder sibirische Husky-Mix oder Mischung zwischen Jagdhund und Husky ist ein Alaskan Husky. Da es keine Rasse an sich ist, kann sie aber jeder Alaskan Husky nennen. Das verwirrt deren Interessenten und verwässert die Rasse. Wer Interesse an diesen Hunden hat, sollte sich mit den Linien auseinander setzten und wissen was er will. Man sollte sich vorher überlegen, was man mit den Hunden machen will: Ob Sprint, Mittlere oder Lange Distanzen, ob Gespannfahren oder nicht. Kauf besser keinen Hund bei jemandem, der niemals ein Gespann gefahren hat. Ebenso nicht bei jemandem, der keine Ahnung von den verschiedenen Zuchtlinien hat. Der niemals seine Hunde auf den Distanzen geprüft hat, die du fahren möchtest. Der Züchter sollte wissen, was er für Hunde hat und nicht erst auf Anfrage anfangen zu forschen. Ich habe klare Ziele und Ansprüche an meine Hunde, und suche sie auch danach aus.

Man darf nicht vergessen: Es handelt sich um eine Arbeitsrasse. Um Hunde, die darauf gezüchtet wurden, 1000 Meilen in 8 Tagen zu laufen. Natürlich ist das bei unseren Wetterbedingungen hier in Norddeutschland nicht möglich. Hier gibt es andere Dinge auf die wir achten müssen, wie zum Beispiel ob die Hunde auch bei feucht-warmen Wetter gut klar kommen, wie schnell sie überhitzen. Wenn du einen echten Alaskan Husky willst, schreib dir deine Ziele auf, beschäftige dich mit den Linien, Mushern, und kaufe erst dann den Hund, den du willst. Und wie bei allen anderen Rassen gilt auch hier: Schau dir die Eltern an. Und einen guten Hund gibt es nicht geschenkt."

Lisa Pannenberg

Der Pfoten-Pfad
Die Beschreibung der Philosophie

ISBN: 978-3-738-64054-0

Der große Pfoten-Pfad
So kannst du deinen Hund überallhin
mitnehmen

ISBN: 978-3-752-61210-3

Mehrhundehaltung – ganz einfach!
Mach es einfach wie das Husky-Rudel

Begegnungen auf dem Pfoten-Pfad Teil 1 –
Aus der Arbeit eines Mentalcoaches für
Hundehalter

ISBN: 978-3-746-07686-7

Begegnungen auf dem Pfoten-Pfad Teil 2 –
Männer und ihre Hunde

ISBN: 978-3-749-40941-9

50 Mythen und Weisheiten aus der Hundeszene
– Aus einem anderen Blickwinkel betrachtet

ISBN: 978-3-749-46995-6

Mit 20 Huskys durch Europa
Lisas Abenteuer auf dem Weg zum
Finmarksløpet